教练式父母

教育从心开始，好父母就是好教练

宋政隆◎编著

中国商业出版社

图书在版编目（CIP）数据

教练式父母：教育从心开始，好父母就是好教练 /
宋政隆编著. -- 北京：中国商业出版社，2022.4
ISBN 978-7-5208-1954-1

Ⅰ.①教… Ⅱ.①宋… Ⅲ.①家庭教育 Ⅳ.①G78

中国版本图书馆CIP数据核字(2021)第249924号

责任编辑：张新壮　刘万庆

中国商业出版社出版发行

（www.zgsycb.com　100053　北京广安门内报国寺 1 号）

总编室：010-63180647　编辑室：010-83118925

发行部：010-83120835/8286

新华书店经销

香河县宏润印刷有限公司印刷

*

710 毫米 ×1000 毫米　16 开　13.5 印张　160 千字

2022 年 4 月第 1 版　2022 年 4 月第 1 次印刷

定价：58.00 元

****

前言

如今，随着互联网的发展以及自媒体的兴起，越来越多教育领域的博主出现在大众的视野里。针对孩子成长的种种问题，大家引经据典，侃侃而谈，似乎每个人都是教育领域的资深专家。其实，这里面鱼龙混杂，发出来的视频质量也良莠不齐，很多人的教育观念更是令人不敢苟同。而且很多人为了带货，为了流量，会专门说一些能引起父母共鸣的话，扎人的心窝子，给人制造育儿的焦虑感。对此，大家一定要擦亮眼睛，谨防被动地钻入教育的误区，从而给孩子带来不必要的伤害。

那么什么是真正的教育呢？作为父母我们应该如何识别和规避错误的教育理念和教育方法呢？下面我们针对这个问题做一个探讨。

关于教育的概念是一个很严肃的问题。在西方，"教育"一词源于拉丁文"educate"，前缀"e"有"出"的意思，意为"引出"或"导出"，意思就是通过一定的手段，把某种本来潜在于身体和心灵内部的东西引发出来。而哲学家克里希那穆提也说过："教育就是要把心灵从'自我'的有限的能量中解放出来。"

由此可见，教育不是让孩子认识几个字、会背几首古诗、会做几道数学题那么简单，教育的本质是解放孩子的心灵、唤醒孩子的天性。有了这样一个理念以后，我们的教育就要从"心"开始，我们要做好孩子心灵的引路人。具体来说，我们需要透过种种现象洞察孩子的内心需求以及情感模式，也需要通过引导、夸奖、鼓励、理解等方式树立孩子正确的人生观和价值观，另外我们还需要通过种种教育方法根除孩子思想的"顽疾"，美化孩子的心灵花园，帮助孩子构建健全的人格品质等。

当然，以上种种只是泛泛而谈，具体应该如何做呢？本书会向大家详细说明和介绍。

本书将心理学知识与亲子教育紧密融合，它可以帮助父母很好地建立与孩子内心的连接。此外，为了增强内容的趣味性和可读性，本书摒弃了枯燥无味的教育理论，专门收集和采用了大量鲜活的故事、事例。这些故事和事例有些是名人教育的案例，也有些是发生在普通大众身上的故事，还有一些是摘自新闻媒体的作品。读了这些故事、事例，相信大家会收获很多耳目一新的教育启示。

另外，本书介绍了很多的教子难题，也给大家带来了很多切实可行的解决方法。相信大家读过本书之后一定会收获满满的育儿干货，从而变成引领孩子成长的"好教练"。

目　录

第三章
构建健全人格，美化孩子的心灵花园

第四章
激发孩子潜力，从孩子的心理教育开始

第五章
自练内功，成为教练式父母的几个核心能力

第一章
教练式父母的入门课：破译
孩子内心的秘密

从孩子言行探视其内心世界

俗话说："言为心声，行为心表。"这句话可以理解为一个人的言谈举止里藏着他的思想感情。我们作为家长，要想探知孩子的内心世界，可以从观察孩子的一言一行开始。

通常来说，孩子们会通过以下几种特殊的"语言"告诉家长他们内心的想法。

第一，时刻追着大人。

很多低龄的孩子经常喜欢跟在大人的屁股后面跑，就好像大人的小尾巴一样。对于这种被"跟踪"的行为，很多家长表示不满，有的甚至厉声呵斥孩子："你这样跟来跟去，我还怎么干活？"

其实大家只是看到小跟屁虫们带来的麻烦，却忽略了孩子内心的真实需求。对于稚嫩的孩子而言，他们的内心有情感方面依赖他人的需求，在这种心理需求的支配下，他们总喜欢寸步不离地跟着自己的爸爸妈妈。

这个时候，家长要做的不是无情地甩开缠人的孩子，而是多花点时间陪伴孩子，多给予他们一些关注的目光和爱意的表达，以此满足他们情感依赖需求，这样才能保障他们的心理成长不会受到负面的影响。

第二，故意捣乱。

在电视剧《陪你一起长大》中有一个不让人省心的孩子，名叫蒋思远，这个孩子是名副其实的"小魔头"。妈妈煞费苦心地买了练习册让他好好做题，转眼间，练习册就被他折成了纸飞机；到培训机构上课，他上蹿下跳，搞得班级不得安宁，其他家长群情激愤，最后老师不得不把他从尖子班调到了普通班；在幼升小的节骨眼上，爸爸妈妈好不容易托关系请到一位说得上话的老师，他却拿水枪喷了老师一脸水，弄得他的父母恨不得找个地缝钻进去。

在现实生活中，像蒋思远这样活泼好动、故意调皮捣蛋的孩子比比皆是。这些调皮捣蛋的孩子其实是在用自己的方式向外界表达着内心的诉求。一般来说，孩子会捣乱通常有三个方面的原因：一是故意制造出一些大动静，以此获得父母的关注；二是内心充满了好奇，总想做点"出格"的事情，一探事物的究竟，比如把玩具的零件一个个地拆卸下来，看看玩具里面究竟是什么样子的；三是看到别人拥有自己没有的东西，嫉妒心理作祟，故意捣乱，搞破坏。

所以，故意捣乱只是孩子的表象，家长要做的是透过这些表象探寻孩子内心的真实想法，然后对症下药，及时给予孩子正确的引导。

第三，存在攻击性行为。

很多时候，孩子喜欢用踢、打、咬、推搡等方式攻击他人。这些攻击性行为一般发生在其欲望得不到满足的时候，并且此类行为在3—6岁的孩子身上体现得尤为明显。孩子之所以有攻击性行为，一方面可能是为了发泄某种负面的情绪，另一方面也有可能是为了博得他人的关注。当然了，如果孩子长期浸泡在暴力环境中，也有可能学习和模仿攻击性行为。

作为家长，面对孩子的攻击性行为，首先应该仔细分析孩子当时所处的特定情境，然后根据情境揣摩孩子的内心需求，并且理智、客观地加以引导，从而帮助孩子培养良好的行为方式。

第四，喜欢模仿别人。

在日常的学习和生活中，很多孩子都有模仿别人的习惯，比如看着别人的握笔姿势新奇，自己也会偷偷模仿一下；看见别人背诵课文的时候摇头晃脑，自己也想尝试一下；看见爸爸刮胡子、妈妈抹口红，自己也想趁人不注意刮一刮、抹一抹。

其实这些是很正常的行为，孩子通过这种模仿行为可以有效获得知识和技能，同时也更有利于他们理解他人的情感。所以，家长对此不必过于担心。

另外，孩子之所以喜欢模仿别人，除了自主意识较弱、依赖心理较强之外，还有从众心理支配的原因。孩子模仿和追随他人的行为可以使其更好地获得他人的认可，更快地融入集体，从而满足其需求安全感的心理。

当然，孩子的心理活动并不仅仅通过以上几种行为方式表现出来，除了肢体动作和行为方式，家长也可以通过揣摩孩子的语言特点，探知其内心的世界。

第一，语速。

孩子的语言速度可以很好地折射其内心的变化，家长可以通过孩子说话的快慢来判断其当时的心理状态。比如，一个平时活泼开朗、滔滔不绝的孩子突然间说话慢慢吞吞、闪烁其词，说明他可能藏着心事，或者做错了某件事情底气不足。而如果孩子说话的速度比平时加快不少，那么说明他内心可能很认可父母提出的某个观点，或者对某件事情很感兴趣，抑或是想迫切地向父母讲述一件引以为傲的事情，以求得父母的表扬和鼓励。

第二，音调。

孩子的心态不同，其说话的音调高低也不同。比如，当他意识到自己犯错之后内心是充满愧疚的，所以说话的时候也是细声细气，跟蚊子哼哼一样，声音非常低。但是当他做错事情不承认时，就会大声辩驳，以证"清白"，因为在他看来，大嗓门可以更好地凸显自己的气势，激烈的反抗可以更好地掩盖自己的过失。

再比如，当孩子想满足某个要求而没有得到父母的应允时，他说话的音调也会由低到高，最后演变为大声哭诉。在此过程中，孩子的委屈、急躁、不满等情绪通过音调的变化体现得淋漓尽致。

第三，节奏。

一个充满自信的孩子，其说话的语气是肯定和果断的，并且话语也是抑扬顿挫、情感充沛，很有节奏感的；反之，如果一个孩子说话慢慢吞吞、磕磕巴巴，那么说明他的内心是不自信的，对于自己所讲内容的准确性也没有十足的把握，内心也是没有自己的主见的。

一个人的言谈举止可以客观、直接地反映出其内心世界。作为父母的我们，要想走进孩子的内心世界，不妨从上面提到的几个方面切入进行分析。相信通过一系列的"察言观色"和"条分缕析"，可以帮助我们很好地还原孩子内心的真实想法。

孩子的眼睛会"说话"

《孟子》里有这样一句话："存乎人者，莫良于眸子。眸子不能掩其恶。胸中正，则眸子瞭焉；胸中不正，则眸子眊焉。听其言也，观其眸子，人焉廋哉？"这句话的意思是观察一个人，没有什么比看他眼睛的方法更好的了，因为眼睛的内容无法遮盖他的丑恶。心中光明正大的人眼睛就很明亮；心中不光明正大者，他的眼睛就昏暗不明，闪烁不定。所以，听一个人说话时，观察他的眼睛，善恶真伪自然就无法掩藏了。

孟子的这席话很好地诠释了"眼睛是心灵的窗户"这句话的真正内涵。的确，眼睛能反映一个人的心理活动，早在古代，聪明的波斯珠宝商人就可以根据顾客的眼神来判断对方对某物品的喜爱程度，以此来给自己出售的商品定价。当顾客看到闪闪发光的钻石眼睛发光、瞳孔放大，商人就会把价钱抬得高一点。商人可以根据顾客的眼神来判断对方对物品的喜爱程度，那么父母自然也可以通过孩子的眼神推测其内心的想法。

一般来说，孩子不同的眼神体现着其不同的内心诉求，具体可分为以下几种。

第一，游离不定。

当孩子的眼睛东观西望、眼神游离不定时，说明他的注意力并没有放在你的身上，很有可能对你说的话不感兴趣。当然，当孩子身处某个令他惴惴不安的场景中时，他的眼神也会变得游离不定。例如，《星视频》的官方账号上发布过一个萌娃游湖的短视频，视频里一个十个月大的孩子坐在船上，穿着救生衣，表情僵硬，眼神飘忽不定，精神高度紧张。后来，还是爸爸安抚了孩子一下，孩子这才勉强笑了笑。

另外，当孩子的眼神长期游离不定，那就得考虑其是否患有自闭症。通常来说，患有自闭症的孩子经常活在自己的世界里，不喜欢与他人有眼神的交流，更不喜欢和他人说话，或者有身体的接触。

第二，瞳孔放大，眼睛发亮。

当孩子的眼睛发亮，带着兴奋的光芒，说明他的内心装着令他高兴的事情，或者明白了某个道理，或者有了新的发现。这个时候，家长需要迎合他们的目光，并及时给予孩子一定的夸奖和鼓励，当孩子看到自己的爸爸妈妈愿意和他一起分享快乐和喜悦时，那么他的内心一定非常开心。当然，这也有助于孩子学会多分享、多沟通。

第三，低头回避父母的眼神。

当孩子眼神闪烁，刻意回避父母的目光时，说明他内心一定有不想让父母知道的心事。这个时候，父母先不要威逼利诱，强迫孩子说出个所以然来，多给孩子留一些自我消化的空间也不失为一个明智的选择。

第四，眼球向上转。

这是孩子思考或者回忆的标志性动作。当父母看到孩子出现这个微表情时，要多一点耐心，切勿催促或打断；只有保证孩子有足够的自主思考时间，才能为其语言表述能力以及逻辑思维能力的提升创造更多的可能。另外，当孩子眼球向上转、嘴角上翘时，说明他的内心非常自信笃定。

第五，眼神空洞。

当孩子两眼无光、眼神空洞时，说明他已经很累了，急需休息。当然，也有可能是对你所讲的东西没有兴趣，甚至产生了厌倦的情绪。另外，当孩子对某件事情非常难过、伤心、失望时，也会表现出视线不集中、眼神空洞等现象。

第六，眼睛里满含怒火。

当孩子面露凶光、对你怒目而视时，说明他的内心非常愤怒，这时候的他或许是受到了某种不公正的待遇，心里一点都不服，非常想抗争。此时，父母不可强行压制，应该耐心地给孩子申辩的机会，或者巧妙地给予他们一定的引导，培养他们判断是非对错的能力。

第七，凝神静气，双目凝视。

当孩子目不转睛地盯着某个东西或者人时，说明他对这个物或人充满了兴趣，有一探究竟的意愿。这个时候，家长不宜过多地打扰，并且必要的时候还可以引导性地发问，以便帮助孩子更深入地了解其关注对象的奥秘。

当然，孩子眼睛里的秘密并不单单只有这些，当他们眼皮下垂、盯着脚下、不敢直视父母时，说明他们的内心充满了愧疚；当他们笑着眨眼睛时，说明其内心有个开心的小秘密；当他们突然间睁大双眼，嘴巴微张时，说明其内心充满惊讶、疑问，或者恐惧；当他们满眼含笑，眉飞色舞时，说明其精神愉悦，心情非常不错；等等。

　　总之，在孩子们的大脑尚未完全发育、认知能力与表达能力受一定限制的时候，眼神是他们传递思想情感最有力的武器。就像德国著名心理学家梅赛因说过的那样，"眼睛是了解一个孩子最好的工具"。作为父母，我们不妨通过孩子的种种眼神暗示读懂他们的内心。

利用兴趣爱好拓展孩子的心灵空间

随着孩子年龄的增长，他们内心的很多秘密便不再愿意与家长分享。自己在班级里喜欢谁，讨厌谁，只有他们自己知道；在外面被人欺负了，也不主动和爸爸妈妈讲；关于未来的奋斗目标和人生理想，也不想告知父母……

对此，很多家长都表示非常焦虑，他们迫切地想了解孩子的学习状态是否良好，与其他同学相处是否和谐、融洽，以及是否有恋爱的倾向等。但家长越想了解，孩子的心门就关得越紧。其实，想要打开孩子的心扉，家长只可智求，不可强求。一般来说，利用孩子的兴趣爱好更容易打开他们的话匣子，从而窥探出他们内心的所思所想。

梦琪最近的情绪有点低沉，每次从学校回来便把自己关进卧室，一待就是一两个小时，就算出来吃饭也是脸色阴沉，一言不发。爸爸妈妈看着梦琪的状态，心里很是担忧。

爸爸："孩子，你最近学习怎么样啊，是不是压力有点大呢？"

梦琪："还好。"

妈妈："孩子，是不是老师难为你了？"

梦琪："没有。"

爸爸："你是不是遇到什么困难了？"

梦琪："还好。"

妈妈："好孩子，告诉妈妈，是不是外面有人欺负你了？"

梦琪："没有。"

……

面对大人的连环追问，梦琪也只是以一句"还好""没有"草草应对。聪明的爸爸眼看着追问无果，于是灵机一动，从口袋里掏出一张邓紫棋演唱会的门票递给了梦琪。

梦琪看到爸爸递过来的门票，果然眼前一亮，惊呼道："啊！邓紫棋，我最喜欢的明星了，这么难搞的票，爸爸你居然买到了，太谢谢你了。"

爸爸见梦琪脸色由阴转晴，心里也非常高兴，他赶紧跟孩子聊起了她喜欢的偶像，聊着聊着，父女俩就进入了忘我的状态。在热聊之中，爸爸趁热打铁，把话题一步步地转向了梦琪最近的烦心事。

其实，关于这件事，梦琪本来是不想说的，可是话匣子打开了，她也觉得没必要再隐瞒爸爸妈妈了，于是一股脑儿地全道出来了。原来，和她最要好的同桌最近因为父母工作转学到了另外一个城市，而新同桌和她性情不相投，两人在相处中发生很多摩擦。

爸爸妈妈听后如释重负，他们耐心地开导着梦琪，然后还给她传授了很多与朋友相处的秘籍。梦琪听了这么多实用的建议，心里一下子有底气了，事后开开心心地写起了作业。

上述案例中的爸爸就很巧妙地利用孩子的兴趣爱好打开了孩子的心扉。作为父母，我们也可以学习、借鉴他的这种做法。另外，家长在探察孩子内心活动的过程中，也要注意以下几个事项，否则即便是借着孩子兴趣爱好的东风，也很难展开心与心的交流。

第一，选择合适的交流时机。

曾经有人做过这样一个心理学的试验：试验人员寻觅了两个路边的小吃摊，并且给其中一个小吃摊丢下了 10 美分的硬币，另外一个则什么也没有放。接着试验人员抱着一堆书从这两个小吃摊路过，并故意把书掉在了地上。他的目的就是想知道有多少人会帮他捡书。

后来试验的数据显示，捡到钱的人中，百分之八十八的人愿意帮这个忙，而没有捡到钱的人中只有百分之七的人愿意伸出援手。这个试验告诉我们，人在心情好的时候更愿意去做一些事情。同样的道理是：交流沟通也要选择孩子心情愉快的时候，这样孩子才会大概率愿意和你促膝长谈。反之，假如选择的时机不合适，那么父母很有可能会吃闭门羹。

第二，目的性不能太强。

有的父母在交流沟通的时候不懂得迂回，在利用孩子的兴趣爱好打开话题之后，就直截了当地把话锋转向了自己迫切想了解的事情上，这样的操作很难摸清楚孩子的心理活动。因为孩子本身对父母的窥探持有一定的戒备心理，如果你直来直去地问，而不是巧妙地引导，那么他们很难和你畅所欲言。

第三，注意摒弃拷问式沟通。

公平、平等是和谐交流的前提和基础条件。在亲子沟通中，家长要放下自己的架子，蹲下身来，平视着孩子，然后以一个朋友的口吻和孩子平等对话，而不是以一种审犯人的方式和孩子对话。孩子只有感觉自己被尊重、被理解了，才会愿意和父母来一场心与心的对话。

第四，做一个耐心的倾听者。

在探究孩子内心的过程中，家长一定不要充当那个絮絮叨叨的说教者，而应该平心静气地做个好的聆听者。倾听的过程既是你收集孩子信息的过程，也是你了解孩子的过程。当然，对于孩子而言，你的倾听既可以帮助他缓解压力，也可以给他带来莫大的精神安慰，所以，从这个角度来讲，这是一种双赢的交流方式。

当然，在利用孩子的兴趣爱好探究其内心活动的过程中，家长除了要注意上面提到的四个要点，还要懂得站在孩子的角度思考问题，这样才更容易与孩子产生共鸣。另外，家长如果能掌握一些孩子之间流行的"密语"以及善于运用诙谐幽默的语言调剂你们谈话的氛围，那么你们的亲子沟通将会变得更加顺利。

从"不听话"中探索孩子的心理需求

乐乐是一个3岁的小男孩，平日里的他活泼好动，调皮可爱，是一个人见人爱的好孩子。但是在妈妈看来，乐乐却是一个不折不扣的"淘气鬼"和"烦人精"，因为在与妈妈相处的时间里，乐乐不是像淘气鬼一样给人惹麻烦，就是像妈妈的小尾巴一样。

在院子里玩，他总喜欢把泥土撒得到处都是，害得妈妈还得抽空清理；在厨房里玩，他总会偷偷地把妈妈放在桌子上的挂面一根根抽出来折断，妈妈看到后心里很不高兴，呵斥他不许这么玩，但是每次他都会不听话地噘着小嘴儿，以示抗议。

妈妈好不容易制止了他的捣乱行为，他又像一个跟屁虫一样黏着妈妈，妈妈到厨房做饭，他就跟在妈妈屁股后面，妈妈转身去了卫生间，他又拽着妈妈的衣角，寸步不离。妈妈被跟烦了，怒斥道："你这熊孩子，就不能自己玩一会儿吗？"而乐乐则不依不饶地叫喊："我要跟妈妈一起玩儿！"

妈妈崩溃大喊："你是不是想挨揍呢？怎么这么不听话呢？"而一旁的乐乐眨巴着无辜的大眼睛，慢条斯理地说道："妈妈，我不想挨揍，我想看手机。"

　　一旁的妈妈被小家伙逗得哭笑不得……

　　从上面的这个案例中我们可以看出，乐乐是一个"不听话"的捣蛋鬼。妈妈不想他搞破坏，但他偏偏每次都能惹出很多麻烦，需要妈妈抽时间来善后。好不容易消停了，他又会像小尾巴一样跟前跟后，干扰妈妈干活。这样的孩子在妈妈看来确实很不省心，很不听话，总也不能按照大人的意愿活动。

　　但假使我们能站在孩子的角度考虑一下，就会发现给他扣上一顶"不听话"的帽子是多么不应该。众所周知，孩子的求知欲和探索欲是非常旺盛的。小小的他，脑袋里充满了大大的好奇，所以，他想欣赏一下沙土被扬起来又落下去的"美景"到底是什么样的，想听一听挂面被折断的声音是什么样的，也想享受一下挂面被一折为二的喜悦和快乐。这样的探索行为又有什么错呢？

　　假如这些行为都不被允许，那他除了看手机和缠着妈妈还有什么乐趣可言呢？一个孩子又怎么能像个大人一样安静地坐着？所以，孩子所有的"不听话"其实都透露着他们内心的需求，我们不能单单以自己的好恶和标准给孩子贴上一个"不听话"的标签，戴上一顶"性情顽劣"的帽子。

　　一般来说，孩子之所以不听话无外乎以下几种原因。

　　第一，满足不了家长的需求。

　　很多时候，家长会提出一些超出孩子能力范围的要求，这些要求对于孩子而言完成起来非常不容易，为了不承受这些压力，他们大多会选择逃避和对抗。可是在大人看来，孩子不好好配合完成就是不听话，至于孩子内心的挣扎、害怕和需求，他们根本看不到。

第二，讨厌被支配的感觉。

有一些控制型的家长总是以"为你好"的名义处处限制孩子的自由。吃饭吃什么样的食物，玩耍选择什么样的时间、地点以及工具，穿衣选择什么样的类型，交友选择什么样的家庭，孩子半点做不得主。这种没有自由的窒息感让孩子产生了很严重的叛逆心理，所以在"我渴望自由，就要和你对着干"的心理驱使下，孩子处处"不听话"，时时和大人作对。

第三，不认可家长的言行。

当孩子发现家长频繁地絮叨，或者为了达成某个目的谎话连篇，或者语言不文明、出口骂人，或者总拿自己跟别人家的孩子比，又或者对自己暴力相向，那么他会对家长充满反感，这种反感势必会让他产生对抗的心理。

第四，忽略孩子的感受和自尊。

有些家长总认为孩子还小，只有他的健康是第一位的，至于其感受和自尊是可以忽略的。其实这样想大错特错，每个人都渴望被关心、被尊重，小孩子也不例外。

如果做家长的一味忽视孩子的感受，甚至利用家长的权威藐视孩子的自尊，那么孩子的内心肯定会受到一定的创伤，从而进一步影响其正确人生观和价值观的形成，当然也有的孩子会封闭自己的内心，不再愿意与人真诚相待，还有的人会形成自卑或者自负的性格。不管哪种负面影响，对孩子而言都是一种非常糟糕的成长体验。这样的体验势必会让其产生排斥和对抗的心理。

以上就是孩子不听话的几种常见原因，了解了这些原因之后，我们就可以根据当时的情形推断出孩子内心的诉求。而家长一旦明白了孩子内心的诉求，就会很容易找到解决问题的办法。

另外，大家需要明白的是，孩子不听话未必是一件坏事，而是其独立性发展的必要过程，是自我意识萌芽的重要标志。作为家长，我们不要一味用暴力和责骂镇压孩子的反抗，而应该以一种理智的心态看待孩子的成长，并且以宽容的态度保护孩子的天性，这样才能更好地让孩子从依赖父母的相处模式中走出，从而成长为一个独立的社会人。

破译孩子成绩表象背后的心理密码

众所周知，孩子的心情与其学习成绩情况有着密切的关联。假使一个孩子心事重重、情绪起伏不定，看起来郁郁寡欢，他的学习成绩多多少少会受到影响。为什么会出现这样的情况呢？这是因为一个人的大脑是由主管理性思维的左半球和主管情绪情感的右半球组成的，并且大脑的左半球和右半球有各自分工，紧密相连，互相影响。当孩子的右脑被情绪控制，心情不佳时，左脑的思维能力、学习能力和问题解决能力也会跟着受到一定的影响。下面案例中夏蕊的故事就很好地印证了这一点。

从前的夏蕊是一个妥妥的学霸，从小学到初中，她的成绩一直在班里名列前茅，而且凭借着扎实的知识基础和过人的天赋，她还多次获得奥数竞赛一等奖。当然，品学兼优的她自然受到老师的器重和同学的欢迎。

按照现有的人生剧本，不久之后的夏蕊会轻松踏入名校的门槛，接着在毕业之后找到一份高薪的工作，从而实现阶层的跃迁，过上一种体面的中产生活。但是这一切的美好憧憬在她的爸爸选择出轨的那一刻被彻底打碎了。

　　妈妈得知爸爸背叛自己之后哭得昏天黑地，没多久家里便爆发了大大小小无数的争执，恐怖、阴沉的氛围整日笼罩着夏蕊。一向积极向上的她慢慢变得胆小、敏感、暴躁、偏激，学习成绩也一落千丈，最后步入了差等生的行列。

　　后来，到了高一下半学期，互相怨恨、厮杀的父母终于闹得身心疲惫，领了离婚证书。爸爸很快就跟第三者领证结婚，组建了自己的家庭，而夏蕊则跟着妈妈过上了拮据的生活。

　　经济的压力和生活的琐碎让妈妈的脾气越发暴躁，她经常对夏蕊声嘶力竭地怒吼、斥责，仿佛生活的不幸全都因孩子而起。

　　而夏蕊则在一次次的精神折磨中变得越发消沉、堕落，最后差点因为打架、逃课被学校开除。后来，成绩垫底的她自然也没有考上一个好的大学，毕业后早早地到社会底层打起了零工。

　　从上面这个案例我们可以看出，一个人的成绩变化与其内心活动有着紧密的关联。

　　倘若他的内心是苦恼的、烦躁的，那么在学习的时候，就会变得心灰意懒、想象力枯竭、思维迟钝、注意力不集中。反之，假如他的内心是欢喜的、愉悦的，那么他的想象力、注意力、思维能力的发挥就能达到最佳状态，其学习成绩也能因此而得到进一步的提升。

　　基于这样的认知，我们可以反过来通过孩子的学习成绩破译其心理的密码。一般来说，当孩子的成绩出现一定的波动时，其内心通常会出现下面这几种问题。

　　第一，对自己缺乏正确的认知。

有的孩子在学习上遇到困难之后没有得到及时的辅导以及心理的引导，致使他对自己的学习能力产生严重的怀疑，他会在心里默默地想：为什么别人能做出来的题我就不会做，我是不是天生就不是学习的料？而这种对学习的不自信反过来又会影响孩子的成绩。

第二，为糟糕的家庭关系所困。

有些父母经常因为一些鸡毛蒜皮的小事吵吵闹闹，也有些父母因为彼此性格不合而怒砸东西，还有些父母则直接因为一些不可调和的矛盾一直互撕到派出所和民政局。在这种火药味十足的家庭氛围里长大，孩子感受不到家庭的温暖，而且始终活得提心吊胆，生怕一不小心又重燃家里的"战火"，或者遭到父母的抛弃。他们小小年纪，心理负担却很重，恐惧、委屈、痛苦等负面的能量充斥着整个内心，所以他们的学习成绩自然会受到影响。

第三，害怕来自家长和老师的负面评价。

在"唯分数论"思想的影响下，很多孩子沦为学习的奴隶。在他们看来，学习成绩就是自己的命根子。学得好，能够收获老师赞赏的目光和家长物质的奖励，以及同学羡慕的眼神。学不好，则要承受来自老师的负面评价，比如"考得这么差，你这辈子就毁了"；家长的嘲讽打击，比如"你怎么这么蠢呢？别人家孩子都是双百，你怎么考了这么点分数，脑子里都是糨糊吗？"这种对人格层面的批评和打击对于孩子而言就像洪水猛兽一样，会使他害怕极了。而孩子在多重的精神压力之下自然考不出一个漂亮的分数。

第四，为情感所累。

当一个孩子进入青春期后，他体会的不仅仅是与生俱来的亲情，还有亲密无间的友情和怦然心动的爱情。他们在处理这些关系时，如果没有得到渴望的尊重、自由、平等、忠诚，难免会心生怨怼。比如，孩子平时跟某个同学关系非常要好，但是突然有一天听到这个最好的朋友竟然在背后讲自己的坏话，那么孩子原本在内心世界里的友谊之桥便会轰然倒塌了。

这种人际关系的困扰以及情感的伤害势必会损耗孩子的能量，从而进一步影响他的学习成绩。

以上种种心理层面的问题都会影响到一个孩子的学习成绩。所以，从某个角度来讲，学习成绩是孩子内心状态和情绪的晴雨表。作为家长，我们通过孩子近段时间成绩的变化也可以推断其内心的活动。了解了孩子内心的困扰，我们就能找到行之有效的解决问题的办法。

扮演一个启发者的角色

在现实生活中，很多家长与孩子的沟通并不是很顺畅，因此孩子内心有什么样的想法和诉求，家长并不能轻易获知。另外，他们遭遇挫折后内心的痛苦、绝望、委屈和无助，我们也不一定能第一时间觉察得到。而我们要想打破亲子沟通的壁垒，要想及时了解孩子的心理动态，就一定要扮演好启发者的角色，就像下面案例中甜甜的爸爸一样，通过有技巧的提问了解女儿内心的世界。

甜甜是一个刚满7岁的小姑娘，平日里的她活泼、好动，是一个人见人爱的"小话痨"，并且所到之处总能撒下一串串银铃般的笑声。可是，最近几天，这个一刻也不闲着的小姑娘居然变得沉默寡言了。

爸爸看着表情严肃、眉头打结的甜甜，心里很是担忧。于是关切地问她到底怎么了，可是问了好几次，甜甜都低着头、闷不作声，有的时候就算问得急了，她也只是淡淡地说一句"我没事"。

眼看着直截了当的询问不行，聪明的爸爸眼珠子一转，立马换了另外一个"套话策略"。只见他轻轻叩响女儿的房门，在征得女儿的同意后，他走进了女儿的房间。此刻，女儿正在摆弄橡皮泥玩具，爸爸见此情景轻声地说道："宝贝，你玩得正高兴，爸爸不便打扰你，等你玩够了，过来找爸爸好吗？爸爸想跟你聊两句。"

甜甜见爸爸一脸的诚恳，且非常尊重自己，于是就放下了手里的玩具，走到了爸爸跟前。爸爸见女儿走了过来，赶紧蹲下身子，双手抚摸着女儿的肩膀，温和地跟女儿说道："宝贝，爸爸知道你最近有点不开心。爸爸也有过这样不好的体验，并且这种体验很糟糕，爸爸心里难过的时候也跟你一样，不想跟别人说话，也不想笑，就想自己安安静静地待一会儿，对不对？"

爸爸这几句简短的话一下子戳中了甜甜的心，瞬间，甜甜委屈的泪珠吧嗒吧嗒掉了下来。爸爸看见甜甜的反应知道自己的话起了作用，他强按下心底的喜悦，趁热打铁地说道："碰到不开心的事情，难过是很正常的。这个难过人人都会有，并不丢人，所以宝贝也不需要掩饰。而且假如你愿意把不开心的事情跟我们分享一下，爸爸敢保证，你的伤心和难过一定会减少一半。"

甜甜见爸爸这样说，顿时卸下了自己的心防，于是她一五一十地把事情的来龙去脉说了一遍。原来，过生日那天小姑送了她一套很漂亮的洋娃娃，甜甜对此爱不释手，小心翼翼地珍藏着。不过有一天，调皮捣蛋的弟弟溜进了自己的房间，趁机打开了盒子，把里面好几个洋娃娃的腿和胳膊都弄断了。

甜甜进屋看见残破不堪的玩具，气不打一处来，她一把推开了弟弟，难过地哭了起来。弟弟被姐姐生气的架势吓到了，也哇哇大哭了起来。姐弟俩的哭声传到了隔壁厨房做饭的妈妈的耳朵里。

手忙脚乱的妈妈顺势问了一句："怎么啦？"然而还没有等甜甜把胸中积压的怒气和委屈说出来，妈妈便紧接着说道："甜甜啊，没看见妈妈在忙吗？你是姐姐，你就不能让着点儿弟弟吗？为什么要把他弄哭呢？"

妈妈的话让甜甜觉得大人只偏心弟弟，不疼爱自己，所以干脆把肚子里的委屈一股脑儿咽下去，之后对于这件事只字不提。爸爸了解了事情的经过之后，心疼地安慰了甜甜一番，并且让妈妈和弟弟给甜甜道了歉。至此，甜甜的心结被解开了，她又重新变回了活泼可爱的模样。

上面这个案例中的爸爸就是启发式父母的典型代表。他为了了解女儿的内心秘密，首先，通过敲门、静候女儿玩橡皮泥等尊重对方的方式打消女儿的抵触心理；其次，通过一些有共鸣感的话，比如"爸爸心里难过的时候也跟你一样"鼓励孩子说出自己的感受；再次，他还用"分享出来，难过减半"的话加强孩子表达和倾诉的意愿；最后，了解了事情的原委后，用客观公正的态度抚平了女儿积压的委屈，这为她今后的积极表达奠定了一个良好的基础。

纵观整个沟通过程，我们可以看出这位爸爸非常理智，且讲话很有技巧。他循循善诱，层层打破孩子的心理防线，一步步引出孩子内心的秘密，从而为孩子良好的身心发展创造了条件。当然，这种教科书级别的沟通方式也给我们提供了很好的借鉴。

懂得共情的父母更容易读懂孩子

在繁华的巴黎大街上站着一个衣着破烂、双目失明的乞讨者。在乞讨者的旁边放着一块木牌，上面写着："我什么也看不见。"过往的行人络绎不绝，他们看见木牌上的字，却没有要施舍的意思。

有一天，法国著名诗人让·彼浩勒路过这里，他发现了木牌上的字，便问乞讨者："有人愿意给你钱吗？"乞讨者满脸落寞地说道："并没有，我什么都没有得到。"

让·彼浩勒听后拿起那块木牌，用笔快速地写下几个字，然后就离开了。到了晚上，他又一次经过这里，问乞讨者今天下午的情况怎么样，乞讨者满脸笑意地说道："先生，不知道为什么，今天下午给我钱的人可多了。"让·彼浩勒听后高兴地笑了起来。

原来，他把木牌上的字由"我什么也看不见"改为"春天到了，可是我什么也看不见！"添加了寥寥几字，乞丐便从一无所有变得盆满钵满。为什么会出现如此神奇的改变呢？因为经过诗人的润色，第二句话带上了非常浓烈的感情色彩，能引发人很强的共鸣，使人共情，所以路人的同情心一下子就被激发起来了。

同样的道理，在亲子沟通的过程中，父母们也可以像诗人那样运用共情的力量与孩子产生情感的共鸣，从而进一步打开孩子的内心世界。那么何为共情呢？

人文主义创始人罗杰斯这样说过："所谓的共情是指站在别人的角度考虑问题，它意味着进入他人的私人认知世界，并完全扎根于此。"

如果父母能够懂得换位思考，站在孩子的角度考虑问题，那么孩子自然能够以一种友好和开放的态度与父母沟通交流；反之，如果父母只是一味地以自己的观念裹挟孩子，从来不考虑孩子的感受，那么孩子势必无法敞开心扉，与父母自由平等地交流。

李美的儿子今年八岁了，小小年纪的他身上很早就有了叛逆的迹象，每天放学回家，就把自己关进卧室，李美想跟他聊几句，但是每次都吃闭门羹。

这天，月考成绩出来了，李美迫切地想知道儿子的成绩到底怎么样，但问了好几次，儿子都以一句"还可以"敷衍过去了。后来，李美的耐心终于耗光了，她随手操起一旁的扫把就怒喝道："小兔崽子，你反了天了啊！现在就知道糊弄老娘了，我好吃好喝地供着你，你就是以这样的态度对我的吗？"

儿子听了李美的训斥，抬头看了她一眼，接着又摆弄起自己的玩具。儿子这种置若罔闻的态度彻底让李美炸了毛，她扬起扫把"啪"的一下就照着儿子的屁股重重地敲下去。儿子顿时哇哇大哭。

李美边打边骂："小兔崽子，有能耐你就给我死扛着，不要开口呀，你哭什么哭！"儿子泪眼婆娑地看向她，然后声嘶力竭地说了一段让她终生难忘的话：

"你老让我跟你聊一聊，有什么可聊的啊，你见了我的面不是指责我，就是询问我的分数，我哪有心情跟你聊啊。我敢把我的心里话告诉你吗？不管我说什么，提什么要求，你都觉得不对，你就认为分数是最重要的。

"分数真的有那么重要吗？难道它比我的快乐还重要吗？你一天天不是问我考多少分，就是问我作业写完了吗，要不就是拿我和别人比，你知道吗，这样真的让我很烦。请问我什么时候逼问过你工作怎么样，月奖金多少？又什么时候拿你和隔壁小微的妈妈比了？人家博士毕业，是高薪白领，在那么高档的写字楼上班，而且月入过万，你是不是也需要再努力努力，毕竟咱们家以后花钱的地方还多着呢！

"假如这样的话我天天跟你说，你是什么感受？妈妈，你真的太功利了，你这样我怎么会愿意跟你聊天呢？怎么会把心里的话跟你说呢？"

儿子的话犹如平地一声惊雷，惊得李美振聋发聩，她怎么也没有想到自己平时竟然这样不通情理，也没想到儿子心里竟然藏了这么多的怨气。沉思了一会儿之后，她主动找儿子道了歉，并郑重承诺自己以后一定会多考虑他的感受。儿子见妈妈的态度来了180度的大转弯，也开心地跟妈妈说起了当天在学校里发生的事情。

懂得共情是一个优秀父母最高级的教养，父母只有获得共情的能力，才有可能掌握叩开孩子心门的钥匙。那么，在日常的亲子教育中，父母怎样做才能提升自己的共情能力呢？以下是三点可供参考的建议。

第一，尊重孩子的感受。

纪伯伦曾经写过这样一首短诗："你的孩子，其实不是你的孩子，他们是生命对于自身渴望而诞生的孩子。他们通过你来到这世界，却非因你而来，他们在你身边，却并不属于你。

"你可以给予他们的是你的爱，却不是你的想法，因为他们自己有自己的思想。你可以庇护的是他们的身体，却不是他们的灵魂，因为他们的灵魂属于明天，属于你做梦也无法达到的明天。你可以拼尽全力，变得像他们一样，却不要让他们变得和你一样，因为生命不会后退，也不在过去停留。"

这首诗用简明扼要的语言告诉我们：孩子是一个独立的个体，我们不能把自己的意志力强行施加在他的身上，我们需要尊重他的独立灵魂，这样才能真正进行平等的亲子沟通。当然，只有尊重他的意愿和感受，我们才能为后面的共情创造可能。

第二，和孩子换位思考。

有这样一个故事：一位母亲带着自己的孩子出去逛街，街上摆满了琳琅满目的商品，周遭人山人海，热闹非凡，母亲逛得不亦乐乎，可是孩子却哭着闹着想要回家。母亲想不明白，为什么这么热闹孩子却不喜欢？直到一次偶然的机会，她蹲下来给孩子系鞋带，才发现，从孩子的视角看去，周围都是大人的腿，密密麻麻，慢慢蠕动，看上去好无聊。至于那些有趣的玩物，孩子压根看不见。后来，妈妈把孩子抱起来，孩子的脸上才绽放出惊喜和满意的笑容。

在亲子沟通中，要想了解孩子的内心，就要像上面故事中的这位母亲一样，蹲下来站在孩子的视角看待问题、思考问题，这样才能真正搞明白他们在想些什么。

第三，认真倾听。

倾听是共情的前提和基础。具体来说，就是家长要耐心倾听孩子的声音，并且从孩子的语言信息和非语言信息中体会与识别他们的感受和需求。另外，在此过程中，不能轻易打断孩子的谈话，也不要在听的时候三心二意，而且适当的时候还要给孩子一定的回应，比如点头，或者发出"嗯""哦"的声音。这样孩子才会感觉自己被父母重视，才会产生更多表达自我的欲望。

要想与孩子产生情感的共振，除了上面所说的三点以外，我们还可以借助口头语言表达一些对孩子的理解，以及用具体的行动传递对孩子的关心。这些言行举动都可以帮助我们更好地走进孩子的内心世界，从而科学引导，呵护他们的身心，使他们健康成长。

给孩子足够的自由和安全感

2020 年 7 月 11 日，《陕西都市热线》报道了一则骇人听闻的校园霸凌事件：大荔县官池镇石槽中心小学的一名六年级学生在寄宿学校里遭遇了同年级四名男生的霸凌，这些恶霸孩子以"保护费"的名义频频勒索这名小学生，为了避免挨打，这名可怜的小学生多次上交自己的零花钱。

碰到拿不出钱的时候，那四个"恶魔"孩子就拿刀具伤害他，或者蒙头殴打、泼冷水、砸砖块、掐脖子……这样地狱般的生活，这名小学生竟然苦苦支撑了半年之久，直到后来，男孩的哥哥发现了端倪，逼问之下，才得知了弟弟的可怜遭遇。

在这起校园霸凌事件中，学校无疑存在着监护缺失的重大责任，另外，孩子怯于表达和家长的疏忽也是导致这起悲剧发生的重要原因。相关报道显示，父亲曾多次发现孩子身上有伤，但是孩子不敢向他透露实情，多次以"意外碰伤"为由搪塞爸爸，这才导致孩子错失了及早被解救的机会。

事后，我们不禁会在心里发出这样的疑问：为什么孩子宁愿忍受来自他人的肉体折磨和精神凌辱，也不愿向最亲的爸爸透露自己的心思，以求得摆脱苦难的机会呢？其中很大一部分原因可能是孩子在家庭中未获得足够的安全感。

在现实生活中，很多家长习惯了在家里扮演一个指责者的角色。比如孩子和别人打架了，他们首先批评的是自己的孩子，"你能不能让我省省心""连一个比你小的孩子都打不过，真窝囊"，类似这样的话张口就来。身为父母，他们考虑的只有自己的利益和颜面，从来不考虑孩子的内心究竟受了什么样的委屈，也不会站在孩子的角度为他们说话。

久而久之，孩子就会对父母产生疏离感，而且在一些关键的事情上，孩子不敢自由发言，生怕一不小心说错话被骂，同时因为孩子没有得到父母对其全身心的信赖和维护，所以内心缺乏安全感，有了什么心事也不会主动跟父母分享，只能自己默默承受，最后当孩子被伤害得伤痕累累，做父母的依旧一无所知。

为了避免这样的情况发生，作为家长，我们在日常生活中一定要给予孩子足够的自由和安全感。那么具体怎么做呢？以下是几点可供参考的建议。

第一，不要用威胁的语言逼迫孩子。

孩子是一个有意识的主体，所以对于家长的每一个指令，孩子未必愿意一一配合完成。而有些家长为了达成自己的目的，经常用威胁性的语言逼迫孩子就范，比如孩子啼哭不止的时候家长会说："你再哭我就把你扔到大街上了。"再比如孩子不想吃饭，家长会说："你再不好好吃饭，我就让坏人把你抓走。"

这种威胁性的语言虽然暂时让父母以最快的速度达成了目的，但是这会严重伤害孩子的安全感。缺乏安全感的他们遇事没有依靠，内心会感到害怕、恐惧，不敢提一些违背父母意愿的要求，即便怀揣着很多心事，也只能自己默默消化和承受，从来不愿意跟父母交流沟通。

所以，家长要是想真正走进孩子的内心，就必须戒掉说狠话的习惯，给予孩子一个自由、和谐、宽松的家庭氛围，这样孩子心里有事才愿意主动和父母倾吐。

第二，对孩子建立一定的信任。

在现实生活中，很多父母对孩子总有一种负评价的心理定式，看到孩子拿手机，就断定孩子是在荒废学业；看到孩子跟异性接触，就怀疑孩子在早恋；看到孩子成绩下滑，就认定孩子不努力。这种毫无信任感的态度对于孩子而言会有很强的杀伤力，他们会觉得无论做什么，父母都不会把自己往好的方面想。

自尊心受挫的孩子心里要是有什么小秘密，当然也不愿意讲给父母听，这样亲子之间的隔阂就形成了。而父母要想打破这种隔阂，就要试着放下对孩子的成见，以一种信任的姿态和孩子真诚交流，相信这样做更容易叩开孩子的心门。

第三，切勿在孩子面前情绪化。

孩子的内心是稚嫩、敏感的，对于父母的种种坏脾气，他们还没有能力理解，也没有办法区分每种情绪的不同。对于他们而言，父母的坏情绪只会让他们感到害怕，只会让他们逃离。

当然，即便孩子的心里藏着事，他也不敢跟你敞开心扉，因为他担心你的坏脾气随时会爆发。所以，身为父母，要想跟孩子来一场心与心的交流，那就不要总在孩子面前情绪化，这样孩子才能丢掉诚惶诚恐的戒备心理，以一种放心、轻松的姿态和你展开真诚的对话。

第四，给孩子一定的自由。

在日常生活中，不要过度限制孩子的行为，给他们充分的认知自由、选择自由，以及管理自己的自由，这样他们才会有独立的思维，也能有畅所欲言的勇气。反之，假如家长平时对孩子要求苛刻，处处设限，那么无形中便降低了孩子与自己交流的欲望，增加了其分享的困难。这样，家长便更加无从了解孩子的内心。

拥有充足的自由和安全感是一个孩子袒露自我的前提和基础。家长们不妨通过上面的几种方法给孩子创造出自由和安全的交流氛围，这样他们才能畅所欲言，把经历过的小摩擦和小委屈如数反馈给家长，家长因此才有机会给予他们正确的引导。

沟通——走进孩子内心最直接的方法

一对夫妻相约去爬山，爬到半山腰歇息的时候，妻子看见一幕非常暖心的场景：一个男人正蹲在地上贴心地帮女人揉着腿，以此缓解女人的疲劳。妻子见状，跺着脚说道："老公，你看看人家的老公嘛！"

原本妻子的意思是让丈夫像别人家的老公那样，体贴一下自己，结果丈夫直接头一扬，来了一句："我们走，不用可怜他。"一句话引得周围人哈哈大笑。

丈夫的一句"不用可怜他"轻松地化解了妻子心中的不满，同时也为自己解了围。不得不说，这个丈夫真的是语言表达专家、沟通达人。面对同样的情况，不会沟通的男人通常会反过来吐槽妻子："你看看人家，再看看你，粗胳膊粗腿的，有的是力气，还用得着我帮你捏腿吗？"这样的话势必会引燃妻子的怒火，一场夫妻间的争吵也就避免不了了。

对比两种反应，我们就会发现，会沟通和不会沟通究竟有多大的差别。会沟通的人，不仅夫妻关系融洽，而且亲子关系也非常和谐。而不会沟通的人则经常因为不适宜的话闹得夫妻反目、父子（女）成仇。

那么作为父母，如何沟通才能真正走进孩子的内心呢？怎样说话才能建立起良好的亲子关系呢？以下是几个实用的沟通技巧。

第一，用鼓励、夸赞代替指责、埋怨。

很多父母一跟孩子说话就是一通指责和埋怨。比如："你为什么就不能起来活动活动呢？一天天闷在屋子里都快长毛了。""你看看二姨家的孩子在你这个岁数都会洗碗了，而你呢？就知道吃。"这样的指责和埋怨不仅会使自己无法走进孩子的内心世界，而且会影响亲子关系，试想哪个孩子愿意成为被指责的对象，哪个孩子又愿意在遭到指责后还心平气和地与大人继续聊下去呢？所以，大家一定要戒掉这种糟糕的沟通模式，因为这种模式不仅无法真正解决问题，而且有可能让孩子在潜移默化中形成一种只知道埋怨外界因素的人格特点。

而真正聪明的父母则懂得用鼓励和赞美给孩子带去自信和力量，而孩子在获得这些正能量之后会自觉地朝着家长希望的那个好的方向发展。并且，孩子知道自己的行为获得认可后，也往往愿意敞开心扉，和家长们聊一些自己的想法和看法，这样双方就开启了和谐、愉悦的交流模式。

第二，用引导式提问代替迁就式啰唆。

在亲子沟通的过程中，做父母的千万不要盲目迁就孩子而认同他们的想法，让谈话内容跟着孩子的思路越跑越远，更不要啰啰唆唆，没有一句重点。理智的父母懂得掌握说话的主动权，积极主动地使用开放式的问题来一步步了解孩子的所思所想。比如，"对于这件事，你是怎么想的？""是什么东西让你觉得很厌恶？""你想通过什么办法处理这件事情？"通过一问一答的方式就可以快速了解孩子的想法和欲望。

第三，用平等、尊重的方式代替打击、咒骂。

有些父母说话口无遮拦，动不动就把"傻瓜""废物""没出息"等侮辱性的词语挂在嘴边，这些没有素养的话砸在大人头上都不一定能承受得了，更何况是一个内心脆弱的孩子呢？所以，父母要是想和孩子顺畅交流，首先要遵守"平等""尊重"的原则。孩子如果没有得到人格上的尊重，或者没有被平等对待，那么他会用来势汹汹的叛逆和你对抗，换句话说，当他用反叛、不屑的态度和你对话时，你们的亲子关系本身就陷入了僵局，至于他内心的真实想法，你更加无从得知。

第四，靠近孩子，看见他们的需求。

在电视剧《小欢喜》中，季杨杨的父母因为工作常年在外，于是季杨杨不得不寄居在奶奶和外婆家里长达六年之久。小时候的他渴望父母的疼爱，也渴望亲情的陪伴，但现实的残酷让他一次次的失望和受伤。

而在孤独中长大的季杨杨为了保护自己不受伤早就放弃了期待，形成了冷漠、叛逆的性格。等到父母再次回到他的生活里时，他根本无法适应和接受，而是紧闭心门，以一副防御性很强的架势与父母剑拔弩张。后来，因为一些误会和冲动，父亲季胜利更是当着校长、老师、同学以及同学父母的面直接打了季杨杨一耳光，至此，父子的关系降到了冰点，二人成了水火不容的"仇家"。

后来，季胜利为了挽救父子亲情，特意放下架子，当着其他家长和孩子的面向儿子真诚道歉。当季杨杨用浴巾蒙住头哭得稀里哗啦的那一刻，其实父子之间的坚冰已经融化了一大半。后来，为了进一步走进孩子的内心，身为一区之长的季胜利主动体验孩子的一项爱好——赛车，而且他还积极请教周围的人来学习如何通过网络聊天去接近孩子。另外，他还放下父亲的身份，多次谦逊地向儿子请教关于游戏的玩法，后来还以陌生人的身份扮演儿子的知心大哥。

就这样，他一步步地靠近孩子，了解孩子的兴趣爱好，探明孩子的心理需求，最后成功化解了父子矛盾，重新建立起更为亲密的亲子关系。

俗话说："沟则通，通则顺，顺则和，和则亲，亲则美。"沟通是走进孩子内心最直接的方法。遇事懂得通过沟通了解孩子的内心并给予其鼓励和引导的父母，远比一味训斥和苛责的父母要明智得多。如果你今后在亲子关系中也遇到一些不可逾越的鸿沟，不妨借鉴一下上面介绍的这几个沟通技巧，走进孩子的内心，从而实现关系的破冰。

了解儿童常见的五大心理特点

人们常说，养育孩子是父母的一场自我修行。对此，笔者深以为然。作为一个合格的父母，不仅要懂得对孩子察言观色，还要掌握亲子沟通的方法和技巧，更要了解一些关于儿童的心理常识，这样才能更好地走进孩子的内心世界，从而给予其正确的人生引导。

下面我们一起了解一下儿童常见的五大心理特点，以帮助父母更好地了解孩子的心理。

第一，孩子内心充满了好奇。

好奇是每个孩子的天性。小孩子早在婴儿时期就尝试用嘴巴了解他周围的一切东西，比如毛绒玩具、纸张、手机、数据线等；等到咿呀学语、蹒跚学步之时，他们又会通过撕扯、砸扔等方式探索世界；等到更大一点，他们会把东西大卸八块，一探究竟。

这样的好奇心也许会让他们在探索的时候受到一点伤害，但是家长不可因噎废食，因此而使他们中断探索之路。好奇心是孩子开启知识之门的一把钥匙，家长在保障孩子安全的前提下，一定要尽量呵护他们深入探索的兴趣，以及打破砂锅问到底的决心。当孩子因为好奇心而惹下麻烦，家长也不宜过分苛责，否则会挫伤他们探索和冒险的勇气。

第二，孩子喜欢被赞美。

法国作家拉封丹曾写过这样一则寓言故事：北风和南风比威力，它们比赛看谁能把行人的衣服先脱掉。北风施展威力，将寒冷刺骨的风呼呼吹向行人，结果行人为了抵御严寒，把大衣裹得更紧了；而南风则徐徐吹动，一下子让气候变得温暖宜人。人们感受到暖和之后纷纷解开纽扣，把大衣脱掉。

这个寓言故事告诉我们：温暖胜于严寒。换句话说，我们与其用凛冽刺骨的语言批评打击孩子，不如用赞许和鼓励的言论来温暖孩子。

美国著名的儿童教育家西阿·洛克认为，每个孩子都喜欢得到称赞和嘉许，而不喜欢被禁止、抑阻和消极的刺激。得到赞美和肯定的孩子身上有一种幸福感和满足感，他们往往自信十足，能够有更多的勇气去面对成长中的困难和挑战。而长期被贬损的孩子自尊心会受到严重伤害，而且缺乏自信心和安全感，等到长大之后，他们不仅逆反心理严重，而且抗压能力也很弱。

所以，作为家长，我们要迎合孩子渴望被赞美的心态，用恰如其分的夸赞指引孩子一步步地朝着理想的方向发展。

第三，孩子有很强的自尊心。

在传统教育观念的熏陶下，很多父母对于孩子的自尊心的概念都比较淡漠。这样的做法持续久了会让孩子产生一种自卑的心理，而且还会加速恶化亲子之间的关系。

所以，明智的父母是绝对不会当着众人的面数落孩子如何不听话、如何不懂事、如何一无是处的，因为他们明白孩子的自尊心一旦被摧毁，就会失去向上的动力和前进的勇气。

著名的人际关系学专家 Victoria Joseph 就是一位善于体察孩子感受、懂得尊重孩子自尊的好母亲。她的儿子因为身材矮小遭遇了很多同龄人的嘲笑和讥讽，细心敏感的 Victoria Joseph 一早就洞察到孩子有被尊重、被理解的需求，为了避免孩子的自尊心受创，她积极努力地引导孩子发掘自己的闪光点，比如学习能力强、成绩优秀，再比如运动细胞发达、跑步飞快等。当儿子意识到自己有很多优点之后，慢慢又恢复了自信开朗的模样。

第四，孩子天性爱玩好动。

在孩子的世界里，似乎从来没有安静的时候。他们小小的身体里总是蕴藏着大大的能量，不是大声尖叫，就是奋力奔跑，要不就是专心致志地搞破坏。总之，活泼好动，一刻不得闲。

另外，孩子天性喜欢玩耍，几乎每一个正常的孩子都有一颗贪玩的心，比如爬树、玩泥巴、跳皮筋、打水仗、扔石子、过家家等。如果可以，他们巴不得进行这些玩耍的项目能成为他们日常生活的主旋律。

对此，家长不必担心、焦虑，而且试验研究表明，越贪玩的孩子越聪明。为什么这么说呢？因为在玩耍的过程中，不仅可以帮助孩子发展智力，而且可以激发他们的求知欲、好奇心和探索精神。

在此过程中，家长如果能科学引导，那么孩子在将来一定会大受裨益。比如，玩泥巴的时候，家长可以引导孩子发挥自己的兴趣作用，塑造出不同种类的小动物。这样既可以锻炼孩子的动手能力，又能开发孩子的想象力。躲猫猫的时候，家长则可以引导孩子思考怎样才能不被他人找到，或者怎样才能尽快找到他人，这样做可以充分培养他们的观察能力、逻辑推理能力和认知能力。

第五，孩子内心渴望自由，不喜欢被约束。

每个孩子都渴望凭着自己的心性自由自在地做喜欢的事情，但是生活在现实世界里，难免要受各种各样的规则和制度的约束。比如，他们喜欢在大自然中捉蝴蝶、摸小鱼、观察树叶，但这样快乐的事情并不能一直持续下去，因为他们除了玩耍之外，还需要老老实实地坐在教室里听老师讲课；再比如孩子喜欢一直不停地吃各种各样的零食，喝甜甜的饮料，但是为了他们的健康着想，这种实现零食自由的梦想一早就被父母打碎了。

总之，孩子渴望自由，不愿意受到规则的约束是他们的天性。但是作为父母，还需要在必要的时候给他们立规矩，这样的规则和制度看似限制了孩子的自由，实则能让孩子在以后的生活中获得更多的自由。

以上内容所述就是儿童常见的五大心理特点。了解了这些心理特点，我们就离孩子的内心世界更近了一步。当然，也只有掌握了这些心理特点，我们在引导和教育孩子的时候才能更加精准有效。

为人父母第一课：守好孩子隐私

在电视剧《虎妈猫爸》中有这样一个情节：茜茜想要写日记，爸爸特意去超市给她买了一个带锁的日记本，以便她记录自己心中的小秘密。但是日记完成之后，妈妈率先把日记本拿过来看了个遍，而且还用红笔把错的字和拼音都标注出来，另外还教育孩子写日记不能只记流水账。爸爸对于妈妈的做法深表无语，因为在他看来，写日记是孩子的隐私，父母不应干涉；日记本只是孩子记录心事的地方，在这个地方她想写什么就写什么，完全没必要在乎字词、语病等这些细节问题。

关于孩子的隐私问题，相信很多家庭中的爸爸妈妈都跟茜茜的爸爸妈妈一样存在着诸多分歧。有些家长觉得孩子还小，还不懂得什么叫隐私，他们为了了解孩子内心的想法，偷偷翻看孩子的日记本或者手机短信，以及社交软件里的聊天记录，并且丝毫没有感觉到任何不妥。这样的做法无疑是错误的。

这样的做法首先伤害的是孩子的自尊心。心理学研究表明，孩子到了五岁左右就有了羞耻心，这个时候如果大人不顾孩子的感受，老喜欢把孩子的糗事讲给邻里或者亲戚朋友听，那么无疑会破坏孩子在众人心目中的正面形象。而孩子在当众出丑之后会变得自卑，变得无地自容，自尊心也会被严重践踏。另外，如果家长这种不当的行为一直存在，那么孩子的内心会产生恐惧、焦虑的情绪，这种情绪会让他们没有安全感，同时也会慢慢麻痹他们的羞耻心，削弱他们的自省力。

所以，一个明智的家长既不会揭孩子生理和心理的短，也不会向众人细数孩子曾经的过失，更不会随意侵犯孩子的"私人领地"。他们懂得孩子拥有秘密的重要性，也能正确把握亲子关系的界限，更加懂得如何在守护好孩子的隐私的基础上，了解他们的内心世界，解决他们的烦恼。具体可以怎样做呢？

第一，给孩子保留独立的空间。

虽然家长要关注孩子的内心世界，重视孩子的心理健康，但这并不意味着我们要剥夺孩子的隐私权。孩子一天天地长大，他的独立人格也正在形成，所以需要有属于自己的私密领域，比如一个单独的房间、一个带锁的笔记本、一个小帐篷，这样安静私密的领域可以很好地满足孩子独处的需求，也可以促进孩子健康、快乐的成长。

著名作家刘墉在儿子进入青春期后特意在他的房门上安了门闩，别人对此很不理解，刘墉却说："青春期的孩子有自己的隐秘世界，总是提心吊胆，怕随时有人推门进来，潜意识的伤害很可能影响一生。"刘墉的这种做法既有利于孩子的身心健康成长，同时又教会孩子要懂得尊重别人的隐私。

第二，不当众泄露孩子的秘密。

随着孩子的自我意识不断增强，其心中的秘密也越来越多。这时候假如孩子信赖你，愿意把他心中的秘密跟你分享，那么你一定要守护好他的秘密，千万不要做一个"大舌头"，把他心中的那点"小秘密"四处传播出去。比如，孩子不喜欢自己的同桌，在某次表演中打了一个嗝，玩得忘乎所以尿了裤子，等等。假使孩子的这些秘密传播到他的同伴那里，孩子不仅会丢了面子，而且有可能会遭受同伴的嘲笑、挖苦和打压。另外，孩子被最亲密和信任的人出卖，内心会非常失望和痛苦，从此以后，他再也不会把内心的话向你袒露。

第三，通过蛛丝马迹了解孩子的内心。

孩子身处纷繁复杂的社会环境中，他们纯洁的心灵难免会被一些不健康的因素所污染，比如认知方面的"心理污染"，再比如个人品德方面的"心理污染"。而孩子本身没有辨别是非对错的能力，因此很容易在坏因素的影响下产生不良心理，从而给他的一生带来不好的影响。

为了避免不健康的因素腐蚀孩子的心灵，家长就要在尊重孩子隐私的前提下学会察言观色，进而从蛛丝马迹中窥探孩子的所思所想。比如，你发现女儿近来特别注重个人形象，她为了让自己变得更加好看一点，偷偷学化妆，努力减肥，煞费苦心地弄各种好看的发型。另外，她的情绪变得非常不稳定，眼睛里经常闪着亮光，并且经常躲着家长长时间打电话，盯着聊天记录发笑……通过这些蛛丝马迹，基本上可以判断你的孩子已经加入恋爱的大军。而青春期陷入热恋的孩子内心究竟是怎么想的，相信作为过来人的家长心里也了解一二，不会贸然行动伤害孩子。

当然，在摸透孩子的内心活动之后，家长就可以针对性地给予他们正确的引导，从而让他们远离不良思想的侵害。

尊重孩子隐私和了解孩子的内心并不是互相矛盾的两件事情。在窥探孩子内心活动之前，我们首先要尊重孩子的隐私和隐私权，这样我们才能在帮助孩子心理和人格健康发展的同时不破坏掉彼此和谐的亲子关系。

第二章
根治思想"顽疾"，
做孩子心灵的"美容师"

用爱和鼓励疗愈孩子的自卑心

在生活中，有这样一类孩子：他们经常喜欢低着头，无论站立还是行走，总是含胸驼背，一副敏感害羞的样子，而且他们最害怕见到生人，平常见面跟人打招呼，也往往躲在家长的后面，不敢多说一句话。另外，他们也非常在意别人的评价，父母只要说一两句不好听的话，他们就会情绪低落，非常生气。生活中的他们没有什么主见，依赖性非常强，虽然内心十分渴望成功，但是心里总是否定自己，认为自己不行，他们既害怕努力后的失败，又害怕失败后别人的嘲笑。当然，在这种心理驱使下，他们很少参加一些有挑战性的工作，并且平常一遇到困难，立刻就缴械投降了。

以上种种表现均属于心理自卑的表现。内心自卑的孩子社交圈子小，交际能力差，没有朋友，性格孤僻、偏激，有些严重者还有交流障碍。在这种自卑心理的作用下，他们往往无法客观地看待周围的人和事，而且也无法健康地成长起来。

那么，孩子为什么会出现这样不健康的心理和心态呢？其实这与父母的以下几种不当言行有很大的关系。

第一，父母言语的打击。

有人说："伤人的话就像一把刀，说的人风轻云淡，听的人遍体鳞伤。"笔者诚以为然。一株植物面对暴力的语言尚且会枯萎死亡，更何况是有血有肉有灵魂的孩子呢？

心理学家苏珊·福沃德博士在《中毒的父母》中也这样写道：没有一个孩子愿意承认自己比别人差，他们希望得到成人的肯定，他们对自己的认识也往往来源于成人的评价。经常遭受父母打击的人常常容易自卑，并且会陷入自我怀疑和自我否定的情绪中不可自拔，严重时还会患上心理疾病，导致许多极端行为。

第二，包办孩子的一切。

我们中国的有些家庭总喜欢为孩子包办一切，他们怕孩子吃不饱，总是端着饭碗满屋子追着孩子喂；担心把孩子累着，他们把孩子穿衣、洗澡、刷牙、洗脸等种种琐事统统打包代劳；害怕耽误孩子的学习时间，他们会主动帮孩子系鞋带、整理床铺，甚至喂水喂饭。

就这样，孩子在父母这顶保护伞的帮助下，慢慢地失去了成长和锻炼的机会，也丧失了生活自理能力。将来一旦碰到难点儿的问题，就会因为自己的无能而变得畏手畏脚，没有主见，自信全失。

第三，父母喜欢哭穷。

有这样一种父母，他们经常喜欢在孩子面前哭穷，比如："咱们家里没有那么多钱，我们生来就是穷人的命，花钱千万不要大手大脚。""你省着点花，咱们不比那有钱人家，想怎么花就怎么花。爸爸妈妈上班很辛苦，赚的钱都供你上学了。"这样的话虽然出发点是好的，可以帮助孩子养成勤俭节约的好习惯，但是无形中却给孩子造成了一种匮乏感和自卑感，可能会导致孩子觉得自己什么都无法跟别人比，样样都低人一等，在别人面前腰板无法直立起来。

第四，父母经常吵架。

一般来说，不和谐的家庭氛围也容易造成孩子内心自卑。为什么会这么说呢？因为小孩子的心灵非常敏感、脆弱，他们需要一个安逸、稳定、和谐的家庭环境，而假如父母感情不和，经常无休无止地争吵、冷战甚至暴力，孩子的内心会处于一种紧张、不安、恐慌的状态，这种状态会让孩子缺乏安全感，也会让孩子变得怯懦胆小、敏感自卑。

在综艺节目《我家那闺女》里王鸥回忆了自己凄惨的童年：在她的记忆里，都是父母吵架的画面，那种"鸡飞狗跳"的日子让她非常害怕。后来，父母离异，她撕心裂肺的哭泣也没能挽留住妈妈远去的步伐，成为"孤儿"的她不知道应该跟谁，也不知道应该依赖谁。再后来王鸥独自辗转在亲戚、邻居家中，学会了察言观色，委曲求全。当然在不安和悲观中成长起来的王鸥内心渐渐生发出自卑的情绪，至今她都悲观地认为美好的感情与自己无关。

总之，以上所述家长种种不当行为都会给孩子变得自卑埋下伏笔。而孩子一旦形成自卑的性格，就会像育儿专家钱志亮说的那样，对自己的能力、性格或行为表现等感到不满意，对自我存在的价值不重视，对自己想做的事情缺乏信心，对应付环境中提出的要求比较悲观，容易否定自己，严重的甚至会脱离现实，造成适应困难，阻碍人格的健康发展。为了避免这种负面影响，家长应该积极地用爱和鼓励疗愈孩子的自卑心，激发孩子的自信心。

在电影《奇迹男孩》里有这样一个温暖的情节：小男孩奥吉因为患了一种名为"特雷彻·柯林斯综合征"的怪病，导致面部畸形，长相怪异丑陋。学校里的同学们因为他怪异的长相不断地嘲笑他、讨厌他、孤立他。

对此,奥吉的内心非常痛苦,甚至产生了厌学的想法。

为了让奥吉重拾自信,爸爸用爱鼓励他:"我知道你不喜欢自己的脸,但是爸爸超爱的。这是我儿子的脸,我非常喜欢它。"妈妈也告诉奥吉说:"你并不丑。我是你妈妈,所以我的看法才重要,因为我才是最了解你的人。"后来,在父母温暖的关爱和坚定的鼓励之下,奥吉重新恢复了自信,并且不断努力,用自己的实力获得了同伴的尊重和喜爱。

无独有偶,美国通用电气集团前 CEO 杰克·韦尔奇也是在母亲的鼓励下慢慢摆脱自卑,最后成长为一名优秀的企业家的。杰克·韦尔奇曾经在自传里提到,自己因为身材矮小、说话不利索而变得非常自卑。对此,他的母亲这样鼓励道:"口吃是因为你太聪明了,没有任何一条舌头跟得上你聪明的脑袋瓜。"母亲的话一下子解开了杰克·韦尔奇的心结,他从此发奋努力,最终活出了一个熠熠生辉的自己。

教育家颜元说:数子十过,不如奖子一长。爱和鼓励是培养孩子自信的一大法宝。当然,除了这种方法之外,家长还可以通过及时表扬孩子的闪光点、让孩子拥有成功体验、不盲目地与人攀比、降低要求等方法消除孩子的自卑心理。孩子只有成功地戒掉自卑,才能形成一个健康的人格;当然,孩子只有拥有健康的人格,才能在以后的人生航道上平稳航行。

做好这三点，轻松化解孩子的"孔雀心态"

婷婷是一名初三的女生，平日里的她学习成绩一般，但是虚荣心却很强。这几天，她看见班上有人穿了一双名牌鞋子，于是也动了买同款鞋子的念头，可是回到那个捉襟见肘的家里，她又没有勇气直接开口跟爸妈要。但是好胜心强的她又不甘心落后于人，经过几天的苦思冥想，她以买练习题册的名义前后跟父母要了三百多元。

拿着撒谎骗来的钱，婷婷很快在专卖店里买下了同款鞋子。她穿着白皙而崭新的鞋子，心里别提有多高兴了。这时，同桌小莉恰巧从旁路过，婷婷一把拉住了她，得意扬扬地说道："快来看看我新买的鞋子，漂亮吧！这可是××牌子的限量款呢！一般人买不到呢！"小莉白了她一眼，接着牵强附会地装出一个微笑，敷衍了一下，然后借故走开了。

婷婷对此不以为然，她心里暗暗地想："看吧，小莉也在羡慕我的潮牌鞋子呢！看看我的高端鞋子，再对比一下自己土里土气的鞋子，她一定是自惭形秽地走开了。"

这么想着，婷婷的心里越发得意了，她开始不由自主地哼起了小曲，一蹦一跳地走在了回家的路上。路过的邻居看到她高兴的模样，忍不住问道："今儿怎么了，这么高兴？是不是考了第一名了？"婷婷一听更加来劲儿了，为了自己以后在别人面前更有面子，她吹嘘地说道："是啊，这次考试好几门都是满分，进班级前几名绝对没有问题。"

被誉为"百鸟之王"的孔雀是一种自我感觉非常良好的动物。它每次看到鲜艳的物品都想通过开屏的方式，向人们炫耀自己的尾羽有多美，通过炫耀的方式告诉人们：我的尾羽可比那个颜色鲜艳的东西漂亮多了。其实上面案例中的婷婷又何尝不像孔雀一样，爱慕虚荣，争强好胜，总喜欢通过炫耀、攀比甚至贬低他人的方式维护自己的所谓尊严和面子。

这种"孔雀心态"虽然从某个角度来讲是孩子奋发向前的一个动力，但是总的来说对他未来的发展还是有很多的危害。比如，孩子一门心思跟别人比美、比富、比"能"，势必会让他的注意力从钻研学习转移到追求享乐、奢侈的歧途上去。

一个孩子假如时时刻刻喜欢炫耀自己，谁会喜欢？而且孩子为了满足自己的虚荣心，一味地贬低他人、抬高自己，谁又愿意和这样的人交朋友呢？所以，受"孔雀心态"的影响，孩子的人际关系肯定会变得很差。

另外，由于受"孔雀心态"的影响，孩子的脑袋里都是一些不切实际的想法，他们除了自我认知能力差，很难客观地评价自己之外，往往还孤芳自赏、盲目自信、好高骛远、眼高手低。这种被吹嘘出来的了不起一旦被现实打脸，孩子就无法控制局面，难以承受落差，甚至失去全部的自信。

如果孩子盲目追求虚荣，那么在其成长的过程中可能还会出现撒谎、情绪不稳定的情况，而且这种"唯我独尊"的自恋性格也会成为孩子成长路上的绊脚石。

警惕孩子的"孔雀心态"是每个家长最基本的觉悟的体现。为了避免孩子受到上述种种负面影响，家长一定要做好以下三点。

第一，父母以身作则，不要给孩子提供滋生虚荣的沃土。

有些家长非常注重金钱的追求和物质的享受，他们觉得穿金戴银、手拿名牌是富有和地位的象征，所以极尽所能地把自己包装成一个上流社会人士的样子。殊不知，他们不知不觉间已经给孩子做了一个坏的榜样。孩子看得到父母的名牌情结，也了解父母总是挖空心思追求优越感，于是也有模有样地学起来。

俗话说："言传身教，身行一例，胜似千言。"家长要想从根本上使孩子杜绝虚荣心态，那就一定要以身作则，不在孩子面前"打肿脸充胖子"，也不要盲目地和别人攀比，更不要一味追求物质的享受，这样才能给孩子一个正确的示范和引导。

第二，不要"捧杀"孩子，让孩子误认为自己天下无敌。

父母在评价孩子的时候一定要做到客观公正，既不要夸大孩子的优点，也不能忽略孩子的缺点；当然更不能一味地让着孩子，从而给孩子一种"事事我最强"的错觉。孩子一旦被捧得高了，滋生了虚荣心理，而自身的能力又没有达到一定的水准，将来有一天一定会摔得很惨。

所以为了避免孩子出现登高跌重的悲剧，家长们一定不要在夸孩子的时候说他最厉害，也不要在竞争性的游戏中故意输给孩子，适当地让孩子吃一些苦头，是我们家长爱孩子的明智之举。

第三，家长因势利导，让孩子明白做个绿叶也挺好。

俗话说："红花虽好，还需绿叶扶。"没有绿叶的映衬，红花也会显得寡淡、乏味。孩子一味地争强好胜，争当主角，很显然是没有意识到"绿叶"的重要性。这个时候，家长应该因势利导，让孩子认识到"绿叶"也能散发独一无二的光芒。当孩子正确认识自己，充分认识到自身的价值，肯定自己存在的意义之后，"孔雀心态"便会慢慢瓦解消亡。

当然，消除孩子过强的虚荣心，除了上面提到的三个方法之外，家长还可以给孩子创造一些劳动机会，让孩子用劳动挣来的钱换取所需的东西，以此让孩子明白人生真正的意义和价值。

三种错误做法惯出孩子的"玻璃心"

　　笔者以前在《牡丹晚报》上看到过这样一则消息：山东省单县一名初中女生因为没有遵守学校纪律，手机被没收，后又被老师批评了几句，一时想不开转身就跳进了河里。后来，幸亏当地的民警和热心群众倾力相助，她才捡回了一条命。

　　这个案例中的女孩就是典型的"玻璃心"，即心理素质极差，心灵就像玻璃一样脆弱易碎，经不得任何评判和指责。拥有"玻璃心"的孩子一般抗挫能力很差，他们遇到批评就会难过，遇到挫折就会逃避，碰到难以接受的事情就会崩溃大哭。而且，他们对于周围人的评价非常敏感，当别人给出某个差评时，他们便会很主动地让自己对号入座。另外，拥有"玻璃心"的孩子不仅抗挫能力差，输不起，而且很容易和他人产生矛盾，严重的还会走入极端。

　　心理学家的调查显示，目前我国有 46% 的孩子有不同程度的"玻璃心"。这个时候很多人就会质疑：为什么现在的孩子这么"扛不住事儿"？为什么他们的心理承受能力会这么差呢？下面我们从三个方面解析其中的原因。

第一，孩子的"玻璃心"是父母不当的夸奖造成的。

虽然说我们现在倡导鼓励教育，但是夸奖孩子也需要一定的技巧。如果父母无条件地对孩子极尽赞美之词，那么就会让孩子出现自我认知的偏差，久而久之，孩子会受不得一点儿委屈，也接受不了任何形式的批评。

为了让孩子"输得起""扛住事"，父母在夸奖孩子的时候自然不能只用"棒""聪明""厉害"之类的简单笼统的词语，而应该把夸奖的着重点放在"认真""努力""坚强""勇敢""耐心"等这些具体的品质上。只有这样，孩子在遭遇失败之后才不会因为质疑自己的天赋或能力而陷入深深的挫败感之中。也只有这样，孩子在遭遇挫折和打击之后，眼泪才不会哗哗往下掉。

第二，孩子的"玻璃心"是父母的溺爱惯出来的。

现在很多家庭都是把孩子当"小皇帝""小公主"来养的。一大家子人以孩子为中心，导致孩子衣来伸手、饭来张口，要什么有什么，而且为了表达对孩子的喜欢、疼惜之情，家长们不吝夸赞、溢美之词，这就使得孩子在平坦顺遂的道路上走得太久，根本不知道困难、挫折为何物。

而在现实生活中，一旦出现沟沟坎坎，孩子便没有克服困难的勇气和能力。平日里的他们习惯了索取和享受，骤然失去依靠便觉得手足无措，若是遇到批评指责或者不认可更是痛哭流涕、不能自已。

在热播剧《小舍得》里，夏欢欢就是一个被全家人宠坏的孩子，从小姥姥、姥爷就把她当小公主一样捧在手心里，爸爸妈妈更是奉行着快乐教育的原则，舍不得给她施加一点儿压力。这样的宠爱虽然成就了一个活泼可爱、多才多艺的夏欢欢，但同时也惯出了她一碰就碎的"玻璃心"。在后面的剧情里，夏欢欢就是一个"爱哭鬼"，因为考试成绩不理想，她就哭哭啼啼；因为没有成功连任副班长，她号啕大哭；因为补习班没有报上，她也哭得稀里哗啦；后来写作业不用心被爸爸批评了几句，她也哭得梨花带雨。

有人说，溺爱不是爱，而是对孩子的一种甜蜜的摧残。笔者对此深以为然。作为家长，如果不想培养出一个"玻璃心"的孩子，那就趁早收起你的溺爱，这样才能给孩子提供充分锻炼自我的机会，使他们不会出现"玻璃心"。

第三，家长的负面心态造就了孩子的"玻璃心"。

中国有一句话叫"见其父，知其子"。这句话告诉我们，父母就像是孩子的原件，孩子是父母的复印件，有什么样的原件，就会有什么样的复印件。假若在现实生活中，父母心态悲观，通常用消极、怯懦的方式处理问题，那么孩子也会以同款心态复制。

反之，如果父母遇到困难勇敢坚强、乐观积极，那么孩子也不会以一种受害者的姿态哭哭啼啼，更不会沉溺在消极情绪里无法自拔。

换句话说，家长要想治愈孩子的"玻璃心"，首先自己要做一个乐观从容的人。只有这样，善于"察言观色"的小家伙们才能在父母的身上汲取正能量，从而也变成一个乐观向上的人。

当然了，治愈孩子的"玻璃心"并不是一朝一夕的事情。作为父母，我们需要有足够的耐心和智慧。除了上面谈及的三点之外，家长还可以想方设法培养孩子的自信心，孩子有了自信心就有了克敌制胜的法宝。另外，家长也要懂得接纳孩子的负面情绪，不要在孩子痛哭流涕的时候一顿劈头盖脸的批评斥责，这样不仅无法治愈孩子的"玻璃心"，反而会恶化亲子关系。

缓解孩子焦虑的六个攻略

你听说过"虎兔效应"吗？心理学家曾经把老虎放在兔子的旁边，然后每天尽心尽力地照顾兔子，但不管如何照顾，兔子最终都会因为焦虑、恐慌而慢慢死去。这种焦虑、恐慌的心理效应被心理学家称为"虎兔效应"。

相关的调查显示，目前我国有很多孩子也有像兔子一样的恐慌心理。在这种恐慌、焦虑的情绪控制下，孩子们身体中会产生一系列不愉快的情感体验，比如，害怕、担心、烦恼、紧张不安，甚至即将面临死亡的惊恐感。

另外，孩子的年龄不同，焦虑心理以及表现症状也有所不同。一般来说，婴幼儿时期的孩子通常会因为与父母的分离而焦虑，当他们预感到要与父母分开时，会撕心裂肺地哭泣。随着年龄的增大，他们还会通过紧抱爸妈不放、哭跳、耍赖等方式表达自己的焦虑。

长大之后，孩子会因为学习或者社交的问题而焦虑。比如上台演讲时、见到陌生人时，再比如作业检查前、期末考试前以及课堂提问时，这些情景都会让孩子的内心有一种紧张、焦虑的感觉。

这种不良的焦虑心理会让孩子产生心慌、乏力、手抖、胃痛、头痛等一系列不良的身体反应。另外，来自英国哥伦比亚大学的琳恩·米勒博士还发现，孩子焦虑除了前面提到的这些身体的不适反应之外，还会有一些精神层面的反应，比如脾气暴躁、注意力不集中、多动、安静不下来、对立抗拒等。这些症状表现很容易被父母忽视。

当孩子因为负面情绪出现这些不良反应时，家长不必过分担心，心理治疗师陈凌杰曾经在《第一现场》这个栏目里说过：情绪是孩子的一种珍贵的能力，孩子出现这样的焦虑情绪其实是对自己的一种提醒和保护，适当的焦虑情绪所带来的心跳加速、肾上腺激素分泌等生理反应有助于提高孩子大脑的反应速度，因此家长需要理性看待焦虑情绪，为孩子科学排解。那么具体如何排解呢？家长可以从以下六个方面入手。

第一，无条件地接纳孩子的焦虑情绪。

以前在网上看过这样一段意味深远的话："情绪是送信人，每一封信都来自我们的内心。你好好地收下这个信息，理解并应对好这封信，送信人就会走了。相反，如果你关门不接待这个送信人，它就会一次次地不请自来，就像一个送快递的：如果你没收到，它就得一趟趟地送。"

这段话告诉我们，孩子的情绪反映了其内心的真实需求，而且情绪越大，包含的信息量就越大。作为家长，面对孩子的焦虑情绪时，不可对其置之不理，更不应该怒斥、谴责，而应该无条件地接纳，这样孩子的焦虑情绪才不会堆叠积累，最后以成倍的伤害的形式作用在孩子身上。

第二，家长可以根据孩子焦虑的原因具体引导。

比如孩子每次对课堂提问的环节焦虑不已，生怕一不小心答错了在众人面前丢脸。其实孩子的这种焦虑追根究底还是因为他的知识掌握得不牢固，假使他对问题的答案胸有成竹，那么就一定会从容自信地站起来回答问题。

所以对于孩子此类的焦虑情绪，家长首先要做的就是帮助孩子巩固基础知识，科学地引导孩子提升学习能力。当孩子对所学的知识记忆得滚瓜烂熟时，这种被提问的紧张焦虑感自然会土崩瓦解。

第三，加强与孩子的沟通交流。

处理孩子的情绪问题，家长宜疏不宜堵。及时的亲子沟通可以给孩子提供一个发泄负面情绪的渠道。当孩子将令他不安、紧张、焦虑的事情痛快地说出来的时候，其实内心就舒畅了很多。这个时候，如果家长能适当地给予孩子一些鼓励、安慰或者帮助，那么孩子的焦虑情绪很快就会烟消云散。

第四，帮助孩子将目标调整到合适的位置。

当孩子的目标制定得不切实际、过于高远时，他的能力是跟不上野心的，这个时候焦虑在所难免。而要想缓解孩子的这种焦虑情绪，家长需要根据孩子的实际情况帮助他重新调整目标，调整后的目标必须与孩子现在的能力相匹配。

比如，孩子这学期的目标定为考试考到班级第一名，但是大半个学期过去了，摸底考试的成绩依旧和第一名相差很远。这个时候孩子想想曾经写下的目标，心里难免会焦急不安。对于这样的情况，家长可以帮助孩子把目标调整为考进班级前十名，这样会降低孩子实现的难度，增强其学习的自信，缓解其学习的焦虑。

第五，营造轻松、愉悦的家庭氛围。

当孩子因为某些原因紧张、焦虑时，做父母的切不可火上浇油，彼此间制造矛盾，从而加剧孩子的焦虑情绪。对于一个敏感脆弱、内心焦虑的孩子，父母应该主动营造一个温馨、和睦的家庭氛围，这样孩子在回家之后内心会得到一定程度的疗愈和抚慰，其焦虑的情绪也会有所缓解。当然，如果父母幽默细胞发达，也可以通过制造各种各样的笑点来转移孩子的注意力、化解孩子内心的不安。

第六，帮孩子安排一些适量的运动。

科学研究表明，适当的运动可以缓解焦虑。所以当孩子焦虑的时候，家长可以适当地给孩子安排一些体育运动，比如跑步、跳绳、拳击等。这些体育锻炼，能够帮助孩子发泄负面情绪。孩子发泄完了，焦虑情绪就会得到有效的缓解。

以上便是缓解孩子焦虑的六个策略。 如果你的孩子目前也在遭遇着焦虑情绪的困扰，那么不妨拿来一试，相信这些方法可以帮助孩子早日摆脱焦虑的状态，重新回归到正常的学习、生活中。

当心！你的无私养出孩子的自私

在电视剧《安家》里有这样一个让人气到胃出血的剧情：老严夫妇到上海打拼了十多年，靠起早贪黑卖包子而辛苦攒下了 300 多万元。后来儿子结婚，老严夫妻就用辛苦攒下来的钱全款给儿子购置了婚房。

买房的时候，中介人员建议老严夫妻不要全款买房，给儿子交上首付之后，剩下的钱老两口可以做点理财投资，这样将来也可以给自身一些生活的保障。但是老严夫妇考虑到儿子将来生活的压力，毫不犹豫地把所有的积蓄都交了出来。

签约的时候，儿子想在房本上加女友的名字，老严夫妻有些犹豫，但未来的儿媳表示已经怀有身孕，于是他们立马又妥协了。

好不容易房子的事情落地了，老两口本想满心欢喜地去新家照顾怀孕的儿媳妇，结果却发现儿子的丈母娘已经搬进了新家。而且她一副主人的姿态，完全把老严夫妇当客人。而儿媳妇看到老两口提着满满当当的行李时白了他们一眼，连句招呼都没有打，直接摔门进了卧室。

儿子看到自己的爸妈遭到冷遇，没有帮一声腔，而且还敷衍地说道："你们先回去，我有空去看你们。"

被儿子儿媳扫地出门的老严夫妇无处可去，只能凑合住到了包子铺。但是没过多久，包子铺也因为不合规定被查封了。这下，没有任何积蓄的老两口彻底无家可归了，他们急得团团转，后来要不是遇到中介人员的帮忙，他们差点流落街头了。

这样的剧情一出，"心疼老严夫妻"的话题立刻登上了微博的热搜榜单。虽然说，老严夫妻的处境着实令人心疼，但不得不说如今这个可悲局面也是他们自己一手造成的，因为孩子不懂得爱自己的父母就永远不会感恩。

老严夫妻面对"白眼狼"儿子和不孝媳妇，连一句为自身利益争辩的话都没有，他们只会在嘴里念叨一句："一切都是为了孩子。"这种"我养你小，你却欺我老"的结局何其悲哀！

老严夫妇用自己惨痛的教训告诉我们这样一个道理：父母的无私真的会造就孩子的自私，而且父母付出得越无界限，孩子自私得越无底线。

李梦是一个可怜的单亲妈妈，在她儿子3岁的时候，老公就因为一场突如其来的车祸意外身亡了。失去了丈夫的呵护与支持，李梦和儿子的生活过得异常艰难。但不管日子过得怎么紧巴，她都不肯亏待儿子一点点。儿子5岁时，有天半夜醒来突然想吃一顿红烧排骨，她立刻二话不说就为儿子起床烧制；儿子13岁时看见别人玩平板电脑，于是也嚷着要一台，李梦听了硬是吃了3个月的咸菜馒头，省出钱来给孩子买了一台；儿子15岁时看见自己的同桌拿了一部苹果手机，当天回家就向妈妈索要同款手机，这时李梦身上除了生活开支已经没有多余的钱了，但她还是向亲戚借来了钱，咬牙满足了孩子的要求。

很多人都不能理解李梦的做法，但李梦有一套自己的想法：她觉得儿子从小就失去父爱，已经很可怜了，所以她要极尽所能地补偿儿子。但她没想到自己的无私付出换来了孩子的自私冷漠。

有一天，下班回家，李梦觉得头痛欲裂，浑身酸软，身上轻飘飘的一点力气都没有，腿也像灌进了铅一样，沉得抬不起来。她一头栽到床上，迷迷糊糊地睡了过去。后来，儿子震耳欲聋的游戏声把她吵醒了，她用力睁开了双眼，舌头舔了舔干巴巴的嘴唇，然后吃力地跟儿子说道："给妈妈倒一杯水吧！"

谁料儿子打游戏打得昏天黑地，根本不愿意理会她，在李梦的再三要求下，儿子才从座位上站了起来。但他并没有打算给妈妈倒水，而是怒气冲冲地说道："妈，你可太烦人了！因为你嗡嗡嗡地乱叫，害得我输了一局。你就不能自己起来倒一下吗？"

李梦跟儿子解释说自己生病了，浑身乏力，无法动弹。谁料儿子竟然说道："生病也得赶紧起来给我做饭呀，我的肚子早就饿得咕咕乱叫了，你怎么能只顾自己生病，不管我的饥饱呢！"

听了儿子讲的一番话，李梦的心一下子凉了一大截，委屈的眼泪吧嗒吧嗒地往外涌。她始终不明白，自己掏心掏肺养大的儿子怎么就变成了一个自私自利的"白眼狼"了呢？

是啊，为什么父母越无私，孩子就会越自私呢？其实是因为父母无条件的付出已经让孩子感觉到一切都是理所当然的了。父母事事冲在孩子的前面，帮他准备好了一切，而孩子也体会不到父母的辛苦，更加不知道父母也是需要人心疼的。所以，为了避免养出不懂感恩、自私自利的"巨婴"，作为家长我们要从以下几个方面着手，改变一下自己的教育方法。

第一，给孩子留有一个自我锻炼的机会。

有些父母总觉得孩子还小，什么都做不了，所以事事为他代劳。殊不知，这样做不仅无法让孩子获得奉献的乐趣，而且也会使他们体会不到父母的辛苦。所以，明智的父母从小就引导孩子做一些力所能及的家务，比如倒垃圾、拿碗筷、擦桌子、扫地板、整理床铺，等等。把握这些锻炼的机会不仅可以给孩子带来成就感，而且还能培养孩子的责任心。

第二，不要盲目迁就孩子。

疼爱和溺爱是两个不同的概念。聪明的父母知道在疼爱孩子的同时也要坚守自己的原则：对于孩子提出的要求和建议适当采纳和满足；不合理的，温和而坚定地予以回绝。而糊涂的父母则可能没有原则没有底线，对于孩子提出的要求一味地满足和顺从；有的时候，即便自身能力达不到，最后也因为孩子的哭闹而选择妥协。这样孩子越被惯，越变本加厉地跟父母索取，最后活活变成了一个对父母敲骨吸髓的"白眼狼"。

第三，适时地向孩子表达你的需求。

人的身体不是铁打的，都有病倒、累坏的时候，这个时候你可以适当地向孩子表达一下你的需求或者内心的感受。比如："妈妈今天肚子疼，你可以给妈妈倒一杯水吗？""爸爸今天累了一天了，腿好酸啊！如果这个时候儿子能给我捏一下，那爸爸会很开心的！"这样的做法既可以帮助孩子提升自我价值感，又可以减轻父母的负担，同时还能培养孩子做家务的能力。这样一举多得的事情，家长何乐而不为呢？

网络上看到过这样一句话：中国式父母最大的悲哀就是，倾尽所有，却把孩子养成了"白眼狼"。这样的话字字句句透露着对孩子的埋怨和不满，却不知这种"白眼狼"式的悲情是父母自己一手造就的。所以，从现在开始，父母要是不想养出一个自私冷漠的孩子，那就转变观念吧。对孩子，别爱得太满，也别剥夺孩子爱的能力，这样孩子才能体验到关心他人的乐趣，也才能把自己活成一个感恩、孝顺的阳光少年。

别把孩子的目中无人当真性情

在现实生活中，有这样一类愚不可及的父母，当孩子挥起拳头朝他打过来的时候，他会乐呵呵地夸奖："我的孩子力气真大。"当孩子抬起脚猛地踢向他的时候，他还会骄傲地说："我的儿子真厉害，将来谁也不敢欺负他。"当孩子翻着白眼不耐烦地朝他瞪过去的时候，他还满不在乎地说："这孩子性格直爽，碰到不喜欢的不藏着掖着，我很喜欢。"父母这种无原则的溺爱最终会把孩子培养成一个自私自利、唯我独尊、目中无人、不讲公德的"社会败类"。

2020 年 10 月 10 日，一个叫"国际万花筒"的账号发布了这样一则令人气愤的新闻：

新加坡的一位母亲坐在地上组装家具，这时儿子过来向她讨要零花钱，对此，母亲表示自己已经给了儿子 10 新元（约 49.4 元人民币），对剩下的已经无能为力了。但儿子依旧不依不饶，接着问母亲下个月会支付他多少零花钱。当母亲回答 100 新元（约 494.8 元人民币）时，他当即表示不满意，并且用手掌打母亲的头部。

后来母子二人又因为组装家具的问题产生了争执，为了泄愤，儿子又在两分钟内连扇了母亲五巴掌，扇完之后还不忘训斥母亲。

面对儿子如此忤逆不孝的行为，妈妈竟然没有阻止，而是躲在角落里默默哭泣，之后还哽咽地问儿子："你就这样对妈妈吗？"

有人说：父母的姿态放得越低，孩子越目中无人。对此观点，笔者深表赞同。在一个家庭里，父母越是卑躬屈膝，像保姆一样伺候，孩子越目中无人、自以为是、得寸进尺。这样被溺爱长大的孩子只关注自己的感受，行为自私冷漠，且骄纵无理。另外，他们还漠视规则，缺乏羞耻心，即便在公共场所也会肆无忌惮、率性而为。

而且，目中无人的孩子很少能交到真心的朋友，一般孩子碰到这样没有素养的人都会敬而远之，所以这类孩子人际关系很差，未来发展的道路也会受到很大的限制。

作为父母，若是不想让孩子将来成为人人厌恶的"社会渣滓"，那就需要从小少给孩子一些特权，多给孩子立下一些规矩；少一些溺爱，多一些要求。这样孩子才能在既定的各种规则下长成一个合格的社会人。

著名教育家李玫瑾曾经在采访时分享过这样一个故事：有一天，她的外甥在家里拿着平板电脑看动画片，看了很长时间仍然不停。她走过去，告诉孩子长时间地盯着电脑屏幕对眼睛不好，说完就把平板电脑没收了。

外甥见状很不高兴，"啪"的一下就给了她一巴掌。李玫瑾站起来，很严肃地跟孩子说："你得跟我道歉。"说完就径直走开了。走开之后，孩子仍然跟她生着闷气，对她不理不睬。后来，过了很久，李玫瑾心平气和地跟孩子解释为什么要没收平板电脑，说完之后还跟孩子索要一个真诚的道歉。后来，孩子在她的耐心引导下果真成了一个遵守规则的好孩子。

古人有云："父母之爱子，则为之计深远。"真正有智慧的父母都会像李玫瑾那样，给予孩子恰当且有原则的爱，这样孩子在长大以后才不至于目中无人，更不至于因为自私自利的品行而堵死自己未来发展的道路。

孩子任性胡闹，记住"四个不要"

曾在网上看到这样一个段子："自从有了孩子，手头紧，时间紧，衣服紧，眉头紧，简称'前程四紧'。"短短几个字道出了为人父母的心酸。在"前程四紧"中"眉头紧"很大一部分原因是孩子的任性、胡闹。

比如，饭点已经到了，孩子依旧沉迷游戏无法自拔，你前前后后催了不下五六遍，孩子愣是没有动一下；走在大街上，孩子看见商店的橱窗里摆放着一只恐龙玩具，于是非要让你花钱买一只回家，尽管你跟孩子强调了无数遍——咱们家已经有很多恐龙了，但孩子依旧不依不饶，甚至为了达到目的躺地上撒泼打滚；外面炙热的大太阳快把柏油马路都烤化了，但是任性的熊孩子非要拉着你去游乐场玩，尽管你无数遍地跟孩子强调此刻不宜外出的理由，但是依旧无法阻挡他那一颗想要外出的心……每当孩子这样任性胡闹的时候，家长就会气得火冒三丈，恨不得噼里啪啦把熊孩子暴揍一顿。

但是对于孩子而言，任性是其成长的必经过程，也是孩子独立性、个性品质发展的重要标志，家长应该理智看待孩子这种正常的发育现象，千万不要因为孩子的某个任性行为就给他贴上不好的标签，也千万不要觉得孩子小、不懂事就轻易忽视，甚至放纵孩子。

从心理学的角度来说，任性是孩子意志力薄弱和缺乏自我约束力的表现。这种偏执的个性如果得不到纠正，就会影响孩子的人际交往。试想一个事事以自我为中心、不考虑别人需要和意愿的孩子，怎么可能和其他同学和谐愉快地合作、协商、分享呢？另外，这种任性的行为如果长时间得不到纠正，那么久而久之会强化孩子不良的个性品质，从而不利于孩子未来的健康成长。

所以，为了避免孩子受到以上种种不良影响，家长一定要重视孩子任性的问题。在亲子教育的过程中，对于孩子的以下四种行为家长一定要坚决杜绝，否则很容易助长孩子的任性。

第一，父母宠溺。

某名人夫妇老来得子，对孩子尤为疼爱，要什么都无条件予以满足。这样，孩子在优渥的环境中不断长大，也变得更加任性，想做什么就做什么，从来没有一丁点自我约束的意识，仿佛就是高高在上的皇帝一样。等到上了小学，在三年级的时候，一次因为与同学发生口角，他竟然一怒之下就把这个同学从楼梯上推了下去……其他的诸如平时抢夺同学的游戏机、将洗衣粉倒入同学的可乐里、揪女同学的马尾辫等闹剧更是层出不穷。

不过不管他怎么任性胡闹，他的父母最后都会出面，或掏钱赔偿或给对方家长赔礼道歉，对于犯错的孩子则从来不会过多责备，更别提让他反省自己的错误了，这就导致这个孩子更加肆意妄为。一次，为了寻求刺激，孩子竟然开着家里的宝马车出去兜风，结果因为没有驾照和技术欠佳撞到了人，这个孩子竟然恼羞成怒地将被撞的一对夫妇打得头破血流。打人之后，他甚至还在现场高喊："我看谁敢报警……"最终，他因为触犯刑律被法院判刑。这次他的父母再也没有能力为他善后了。

　　每一个熊孩子背后，总有一对溺爱的父母。试想，如果当孩子第一次犯错的时候，父母就明确指出孩子错在哪里又该如何改正，让孩子明白做人的道理，想必他也不会一步步任性妄为地把自己作到了监狱里面。

　　第二，切断与同龄人交流的机会。

　　随着城市化进程的不断推进，如今越来越多的人住进了高楼大厦，而进入高楼大厦的孩子自然失去了很多与同龄小伙伴沟通交流的机会。当然，没有了同龄人的陪伴，孩子"以自我为中心"的心态越发膨胀。反之，如果和其他小朋友接触比较多，那么孩子就有机会了解社交的规则，也能学会什么叫妥协、迁就、让步、放弃，这样孩子任性胡闹的概率就会明显降低。

　　所以，对于明智的家长来说，他们绝对不会切断孩子与同龄人之间交流的机会，因为他们知道只有这样才能提高孩子的社会适应能力，也只有这样才能遏制孩子恣意妄为的天性。

　　第三，忽略对孩子边界感的培养。

　　在现实生活中，我们可以看到很多熊孩子的任性行为，比如在图书馆大声喧哗，在车厢里上蹿下跳，在公共场所随意尿尿，碰到喜欢的小朋友上来就亲人家一口，看见喜欢的玩具不征求人家的同意拿来就玩等。这些都是孩子缺乏边界意识的具体体现。

　　对于孩子的这些任性表现，家长不可轻视大意，而应该培养孩子的边界意识，让孩子清楚自己和他人的责任与权利范围，也要让他明白尊重人与人之间的边界，以及社会秩序、规则、纪律，等等。孩子只有了解了这些，才会有意识地规范自己的行为，从而不再做出任性胡闹的事情来。

第四，父母的教育观念不一致。

在一个家庭中，父母常常因为教育理念不同发生冲突。但不管爸爸妈妈怎么争吵，孩子肯定会更倾向于有利于实现自身需求的那一方。因为有了这一方的支持，孩子就更加有了任性的资本和底气。所以，在亲子教育中，父母双方最好统一教育战线，这样才能有效遏制孩子的任性行为。

以上就是改善孩子任性行为的四点建议。当然除此之外，家长还可以通过自然结果法让孩子意识到任性的严重后果，可以通过转移注意力法终止孩子的任性行为，也可以通过榜样暗示法让孩子在典型人物事件的启发中改掉自私、任性的毛病。

孩子出现嫉妒心理，高情商家长这样做

星期天，妈妈带着浩浩去大姨家做客。去了之后，浩浩惊喜地发现大姨家居然新添了一个肉嘟嘟的小弟弟，他睁大眼睛好奇地盯着这个可爱的小弟弟，心里非常喜欢。

妈妈和大姨简单寒暄了几句之后，也欢喜地看着小弟弟。妈妈张开双臂，轻轻地将小弟弟揽入怀中，然后眉开眼笑地逗弄着他，边逗边说："咱们家的这个小宝贝实在是太好看了，瞧瞧，这大大的眼睛忽闪忽闪的，多招人稀罕啊。还有这白白嫩嫩的小脸蛋，真是可爱极了。"

妈妈一句话说得浩浩心里难过极了，本来一进门妈妈就热情地抱住了弟弟，把他晾在一边，他心里就有点不舒服，现在妈妈还夸弟弟好看，这样的心理落差让浩浩难受得差点哭出来。此刻，他的心里一点也不喜欢小弟弟了，甚至还有点恨他，浩浩觉得是小弟弟分走了妈妈的注意力，抢了属于他的母爱。

这样想着，浩浩就狠狠地瞪了小弟弟一眼，然后又抬起手用力推了小弟弟一把。小弟弟被哥哥突如其来的举动吓得哇哇大哭，妈妈这才注意到一旁的浩浩，她急忙安抚着怀里的宝宝，同时轻声斥责着浩浩，说他不应该对弟弟这么不友好。最后，浩浩在妈妈的督促下不情不愿地向小弟弟道了个歉。

上面这个案例中的浩浩就是内心产生了嫉妒情绪，并且在嫉妒情绪的驱使下产生了攻击行为。

其实嫉妒之心，人皆有之。它是人类普遍存在的一种心理，不管大人还是孩子，都会有这样的心理反应，只不过相对于大人而言，孩子的嫉妒心理会表现得更加明显一些。一般来说，拥有嫉妒心的孩子在看到别人被表扬、被肯定的时候，心里会对这个人产生一些抵制和敌视的情绪。另外，当别人比自己优秀的时候，心怀嫉妒的孩子也会在暗地里破坏这个人的物品，或者鼓动大家去孤立这个人，以此满足他报复的快感。

总之，嫉妒是破坏力很强的一种心理，孩子之所以产生嫉妒心理，其实与家长的教育方式、孩子的成长环境以及孩子的自尊心有一定的关系。嫉妒心虽然在一定程度上会激发孩子的进取心，从而成为其前进的一种动力，但是如果不及时纠正，听之任之，也会给孩子未来造成不好的影响。首先，嫉妒心强的孩子很容易对他人表现出挖苦、讽刺、愤怒、蔑视、冷淡、疏远等行为，这些行为会严重伤害孩子的感情与彼此的关系，很不利于孩子与他人的团结和友谊。其次，嫉妒心强的孩子经常会因为外界的刺激产生一系列负面的情绪，这样的情绪对孩子的身心健康发展有很大的影响。另外，这种嫉妒心理产生的负面情绪持续久了，也容易演变为不良的人格，而人格的缺陷又会进一步阻碍孩子未来的人生发展。最后，嫉妒心强的孩子如果长时间得不到正面的引导，久而久之还会产生一些自卑的心理。

　　总之，嫉妒对于孩子的危害不容小觑。作为家长，我们怎么做才能纠正孩子的嫉妒心理呢？以下是几个实用的建议。

　　第一，根据孩子嫉妒的原因对症下药。

　　孩子产生嫉妒的原因是多种多样的，也许跟父母的溺爱有关，也许跟外界的不当评论有关，也许跟孩子所处的环境有关，也许跟孩子的爱慕虚荣有关。总之，当孩子产生嫉妒心理时，父母首先要搞清楚其根源之所在，然后对症下药，这样才能药到病除。

　　第二，帮助孩子树立自信。

　　通常来说，自卑的孩子往往更容易嫉妒他人，为什么会这样呢？这是因为自卑的孩子对自身的能力不认可，总觉得自己平平无奇、暗淡无光，而别的孩子却因为自身的优势在闪闪发光。这样一对比，孩子就会产生一种强烈的不安全感。这种不安全感让他们对优秀的人产生抵制和敌视的情绪。

　　为了避免孩子出现这种不健康的心理，作为父母，我们需要及早帮孩子树立自信心，这样当他受到一点挫折之后就不至于觉得自己事事不如别人，也不会通过贬低他人来平衡自己。

　　第三，不要一味批评、指责。

　　孩子出现嫉妒心理是一种很正常的表现，父母不要动不动给他贴上"坏孩子"的标签，也不要一味地指责和批评孩子，这样不仅不利于纠正孩子的嫉妒心理，而且有可能加深孩子内心深处的敌对情绪。

　　第四，父母要做好孩子的榜样。

　　在日常生活中，父母要以身作则，给孩子树立一个好的榜样，而不应该虚荣心爆棚，处处与人攀比，或者面对比自己强的人挖苦、讽刺、打击、咒骂等，这些不良行为都会给孩子带来不好的影响。

第五，引导孩子学会换位思考。

当孩子产生嫉妒心理时，父母不妨让孩子尝试站在别人的立场上想一想。比如，你可以耐心地问孩子："假如这次是你考了年级第一，然后其他同学都跑过来挖苦、讽刺你，你会有什么感觉？"用这种换位思考的方式可以帮助孩子认识到自己的错误，也能让孩子走出"以自我为中心"的世界。

总之，孩子嫉妒并不是一件可怕的事情，作为父母，我们需要及时发现，因势利导，让孩子树立正确的竞争观念，让孩子的好胜心朝着积极、正面的方向发展，这样他的人生才能不受限，绽放出更多的光彩。

揭开孩子说谎的心理"面纱"

圆圆的妈妈最近心里有点焦虑，因为她三岁的女儿居然学会说谎了。午饭前，圆圆不小心把家里的一个水杯打碎了，妈妈闻声赶来，看见碎了一地的玻璃碴儿，随即严肃地问道："这是谁干的坏事？"谁料圆圆歪着头，理直气壮地说道："是爸爸呀！"

妈妈听了气不打一处来，她生气地朝圆圆喊道："不要胡说八道，爸爸现在正在外面上班，怎么会把水杯打碎呢？"圆圆见妈妈变了脸，马上朝她吐了吐舌头，然后笑着跑开了。

到了晚上，躺在床上的圆圆因为看手机太入迷，一不小心又把床单尿湿了。妈妈发现后质问圆圆为什么要尿床，圆圆看着床单上湿湿的一大片，竟然大言不惭地说："这不是我尿的。"妈妈看着眼前这个小不点儿的表现，心里慌了神，她想：一个三岁的孩子就学会撒谎了，长大了可怎么办呀！

其实，说谎对于孩子而言是一件非常普遍的事情。多伦多大学心理学家李康教授曾经做过这样一个试验：他从不同的国家和地区找来了很多孩子，然后把他们逐一关进了单独的房间，接着告诉他们，谁要是能猜对纸牌上面的数字，谁就能获得一份丰厚的大奖。后来，试验人员走出了房间，然后通过隐藏的摄像头观察孩子们的举动。他们发现大部分的孩子为了大奖都偷偷打开了纸牌，但是当试验人员问他们有无偷看行为时，90%的孩子都撒了谎。另外，研究人员还发现，孩子的年龄越大，撒谎比例就越高。

当然，面对孩子的撒谎行为，家长也不要过分担心。心理学家的研究表明：那些撒谎早、说谎技术高超的孩子心智理论和自我控制能力都比普通的孩子要强。这也意味着撒谎的孩子认知能力和大脑神经系统较其他孩子来说相对更加成熟。

不过，虽然撒谎和孩子的聪明程度有一定的关联，但家长万万不可自鸣得意，更加不要助长孩子撒谎的习性发展，因为对孩子而言，撒谎给他们带来的危害是难以估量的。首先，孩子在扭曲事实、误导他人的同时其实也摧毁了自己的信誉。孩子的谎言多一分，他的信用值就降一分，最后，当孩子的信用值降为零时，便没有人愿意相信孩子，也没有人愿意和孩子交流，更没有人愿意和他做朋友了。

当然，谎言的存在不仅不利于培养孩子诚实的品质，也不利于培养孩子的责任心。因为很多时候孩子撒谎本身就是为了逃避某方面的责任。换句话说，当孩子为了掩饰自己的过错而编织谎言的时候，其实已经放弃了自己本该承担的责任。

另外，当一个孩子说谎时，他的内心是担惊受怕的，因为一个谎言说出去，就需要再编造千千万万个谎言把这个谎圆起来。在此过程中，孩子的内心会承受一定的煎熬，情绪自然会十分焦虑，长此以往，孩子的生活质量会严重下降，他的性格也有可能因此而扭曲。

总之，谎话连篇的孩子在未来的人生道路上一定走不长远。身为父母，我们一定要做好他们的引路人；当孩子撒谎时，我们要根据其当时的心态和动机，做出不同的应对策略，帮助他们改掉撒谎的毛病。以下是针对孩子撒谎的不同类型给出的对策介绍。

第一，孩子撒了无心之谎。

孩子在三岁以前，心智发育尚未成熟，所以他们对时间、空间、人物关系以及数量等概念还没有一个具体的认知，难免将想象和现实混为一谈。比如，孩子看见邻居小哥哥有一架很好玩的飞机，于是脱口而出"那架飞机是我的"。这个时候，孩子的谎言是无心的，它只是表达孩子心中的某个愿望。对此，家长不必刻意制止孩子，只需要耐心帮助孩子认清现实和想象。

第二，孩子为了获得认同和关注而撒谎。

在一档综艺节目里，一位父亲分享了关于女儿森碟的一个小故事：森碟的弟弟出生的时候，家里人都围着弟弟转，备受冷落的森碟非常不开心，她为了博得众人的关注和疼爱，直接撒谎说自己脚疼。后来，爸爸妈妈意识到这段时间冷落了森碟，于是赶紧对她给予了充分的关心。感受到疼爱的森碟此后再也没有撒过谎，而是开开心心做自己喜欢的事情去了。

森碟的小故事告诉我们，很多时候孩子撒谎无非就是想要刷一刷自己的存在感，以此唤起父母的关注和疼爱。爸爸妈妈若是能意识到这一点，多给孩子一些爱的表达，那么孩子的谎言就不会一再出现了。

第三，孩子为了避免惩罚而撒谎。

在多数情况下，孩子选择说谎是因为他害怕受到大人的指责和惩罚。

比如，他今天踢球的时候不小心把邻居家的玻璃碰碎了，父母见状上来就是一顿毒打。这样他就知道犯错是会受到责罚的，等下次有过失的时候，他可能首先想到的就是通过撒谎来掩盖自己的错误，以此逃过父母的惩罚。

为了避免孩子因为此类原因而撒谎，身为父母的我们应该反思自己以往是否采用的是粗暴的教育方式。当他犯错时，我们不要过分严厉，而应该换一种温和的方式跟他们沟通，让他们认识到自己的错误，然后再进一步要求孩子想办法弥补自己的错误行为。这样既有利于培养孩子勇于担当的精神，也能避免他因为害怕惩罚而被迫撒谎。

第四，孩子模仿大人撒谎。

在育儿的道路上，父母其实也说过很多的谎言，比如"再不吃饭，大灰狼就会把你抓住""你是妈妈从垃圾桶里捡来的"等。这些谎言虽然帮助父母节省了教育的时间，但是从长久来看，负面影响却是非常深远的。首先，父母的谎言会削弱孩子的信任感，降低自身的威信，这样孩子可能会不尊重父母，从而加大以后教育的难度。其次，父母说谎会给孩子树立一个坏的榜样。孩子将父母的一言一行都看在眼里、记在心里，父母罔顾事实，胡说八道，孩子也会复制粘贴父母的行为，而成为一个撒谎精。

所以，父母要想避免孩子成为自己的复印件，首先得改写自己这份原件：树立科学的育儿观念，杜绝简单粗暴式的诓骗孩子的行为。这样才能有效预防孩子撒谎。

总之，面对孩子的撒谎现象，家长不要轻易地给孩子贴标签，也不要用打骂的方式加深孩子的恐惧感，最理智的做法就是找到孩子撒谎的原因，对症下药。这样才能有效根除孩子撒谎的毛病。

"系统脱敏法"——搞定孩子社交恐惧症的事

　　小敏的邻居家有一个 9 岁的小女孩。这个女孩的性格内向、腼腆，文文静静，平时少言寡语，很少与其他人来往。有一次，女孩去超市买东西，不经意间看见旁边有一个熟悉的身影，等她定睛细瞧才发现原来是她的语文老师正在果蔬区认真地挑选水果呢，着急忙慌的她赶紧从货架子上取下一把香蕉，然后挡住了自己的脸急匆匆地走开了。

　　还有一次，小敏去女孩家做客，正在客厅看书的她一见到小敏的身影立刻拘谨起来，坐立不安的她在妈妈的指示下磕磕巴巴地跟小敏打了声招呼，然后就一头钻进了自己的卧室，再也没有出来。

　　上面案例中描述的小女孩的这种表现就是典型的社交恐惧症的表现。一般来说，患有社交恐惧症的孩子通常都不愿意与他人接触，要是碰到实在躲避不过去的社交活动，他们则会表现得小心翼翼、畏畏缩缩。倘若需要和别人交流，他们就会面红耳赤、紧张局促，浑身都不自在。

　　对于孩子的这种精神状态，很多父母都表示不理解，因为在他们的印象中，孩子就应该是活泼开朗、热情洋溢、欢呼雀跃的样子。但他们不知道的是，当孩子碰到以下几种情况后，一个叽叽喳喳的"小麻雀"也有可能慢慢变成畏畏缩缩的"小鸵鸟"。

第一，以往失败的人际交往事件给孩子的心里留下阴影。

比如，一个口吃的孩子在人际交往中被其他同学嘲笑、模仿或者捉弄，当时他的内心一定备受屈辱，十分煎熬。等到下次，碰到人多的时候，他会自觉地绕道而行，因为他担心曾经不愉快的经历再一次在他身上上演。这种"一朝被蛇咬，十年怕井绳"的糟糕体验让孩子对社交望而却步，不敢轻易去尝试。

第二，他人失败的经历挫伤了孩子社交的积极性。

有一年的春节，萱萱的家里迎来了一次难得的团聚，聚会上许久未见的家人们凑在一起嘘寒问暖，推杯换盏，好不热闹。然而就在这时，堂哥的一声"妗子"一下子打破了家里温馨、热闹的氛围。原来，远在上海、不常走动的堂哥不小心把"姑姑"叫成了"妗子"，反应过来之后众人顿时笑得前仰后合，堂哥在众人的注视下一下子羞得满脸通红、手足无措。而被认错的姑姑这个时候也玩笑着说道："孩子，记住我是姑姑哦，下次叫错，可要扣你的压岁钱呢！"堂哥听了姑姑的话，不好意思地往后退了退，准备把头埋进妈妈的怀里，但不巧的是，由于他的动作幅度有点大，导致他一下子就从椅子上掉了下去。一时间，尴尬至极的堂哥恨不得找个地缝钻进去。

这次的家庭聚会，虽然尴尬不已的是堂哥，但是在萱萱的心里却留下了不小的阴影，自此之后，她非常害怕这种人多热闹的场合，她担心自己一不小心也会重蹈堂哥的覆辙。为了保险起见，萱萱会有意识地远离复杂的社交场合。

当然，挫伤孩子社交积极性的事件不仅仅来源于现实生活，也来源于电视、小说、广播、报刊，等等。当孩子从这些渠道中听到或者看到某个尴尬的交往情景，会由此及彼，进一步联想到自己也有可能在相同的情景下遭遇类似的尴尬。于是，当担忧、焦虑、紧张等负面情绪一起涌上孩子的心头时，他自然而然想逃离一些人多是非多的社交场合。

"社交恐惧症"其实让孩子在孤立自我的同时也严重影响到其未来的工作和生活。身为父母的我们一定要积极采取措施，改善孩子的恐惧心理。具体如何做才能让孩子远离"社交恐惧症"呢？采用"系统脱敏法"其实是一个不错的选择。

何为"系统脱敏法"呢？它是由美国学者沃尔帕创立和发展的一种心理疗法。这种方法主要是诱导求治者缓慢地暴露在导致神经症焦虑、恐惧的情境，并通过心理的放松来对抗这种焦虑情绪，从而达到消除焦虑或恐惧的目的。

具体来说，就是先诱导患有社交恐惧的孩子慢慢暴露出自己焦虑不安的状况，然后告诉孩子们要与这种焦虑不安的情绪直接对抗。在对抗的过程中，孩子们会慢慢适应这种负面情绪，也会在相同的状态刺激下不再敏感，这样就达到了摆脱社交恐惧的目的。

父母在引导孩子进行系统脱敏训练时一定不要急于求成，要按照从易到难的顺序一步步地进行，比如先让孩子接触比较熟悉的人，等孩子的恐惧心理有所缓解，再让孩子接触陌生人；再比如让孩子先接触同龄人，这样可以降低孩子的社交难度，等孩子的焦虑情绪得到缓解，再进一步引导

教练式父母——教育从心开始，好父母就是好教练

他接触成年人。总之，帮助孩子克服社交恐惧不是一朝一夕就能完成的事情，家长需要有足够的耐心，帮助孩子从低级到高级逐层进行脱敏训练，这样孩子才能有效地提升自己的社交能力。

另外，除了"系统脱敏法"之外，家长还可以通过积极的暗示、传授人际交往的技巧、带孩子见识世面、给孩子足够的爱与安全感等方式引导孩子走出社交恐惧的泥潭。

总之，社交恐惧并不是一件难以克服的事情，只要家长足够重视、积极引导、方法科学，就一定能帮助孩子从社交恐惧的阴影中走出来，从而使孩子成为一个大方、自信的社交达人。

84

第三章
构建健全人格，
美化孩子的心灵花园

做好这几件事，让孩子成长为有孝心的少年

笔者在浏览央视网的时候，曾经看到过这样一个催人泪下的故事。

故事的主人公叫宁志军，家住在河北安沟的一个小山村里。原本的他有着一个贫穷但完整的家，一家四口依靠父亲微薄的收入勉强度日。但是天有不测风云、人有旦夕祸福，一场积劳成疾的肝病夺走了父亲的生命，同时也让他们那个风雨飘摇的家雪上加霜。

哥哥宁继军为了全家的生存不得不踏上了外出打工的路，哥哥走后，家里只剩下智障的母亲和年仅11岁的宁志军。痴痴傻傻的母亲生活不能自理，就连煮个挂面都能焖一大锅。被命运逼到墙角的宁志军含着泪坚强地挑起了生活的重担。

往水缸里挑水是这个小男孩每个礼拜天都要完成的任务，小小年纪的他吃力地挑起两个大桶，豆大的汗珠浸透了身上的背心。他气喘吁吁地爬过五个坡，一桶一桶地往家里挑水，等水缸灌满了，母亲一个星期做饭洗刷的水就有了。

宁志军在县城上学，一周回家一次，每次回家他都用从饭里省出来的

钱给妈妈买好吃的东西。回到家，他喜欢给妈妈做好吃的东西：熬米汤，煮挂面，炖土豆，炒白菜。他总是自豪地说："我会做很多饭。"

身为顶梁柱的他暑假的时候也不让自己放松下来，白天摘酸枣，伺候母亲，晚上捉蝎子卖钱。在炎炎烈日的炙烤下，他用一天的汗水换来了十几斤酸枣，再用十几斤酸枣换来十几元的钱补贴家用。

"娘在家就在。"有了这样的精神信念做支撑，他早早地就摒弃了自己的软弱，用坚强、担当和孝心为母亲撑起了一片天。"论年龄，他是少年；论行为，他理所当然是顶天立地的男子汉，是一个大写的人。"央视媒体给出了这样的评价。

俗话说，百行德为首，百善孝为先。心怀孝义的孩子总是让人感动，他们会主动帮助父母分担家务，也会主动帮助自己的爸妈，也愿意和爸妈分享自己的食物，更加会尊重父母、理解父母的辛苦。

而一个不懂得孝顺父母的孩子则从小以自我为中心，自私自利，不懂得感恩，也不懂得分享，总是习惯接受父母给予的爱，过度依赖父母，没有一定的独立能力。而且，不孝顺的孩子除了心安理得地接受父母的施予，还喜欢将自己的需要凌驾于父母之上，他们既不尊重父母，也不理解父母，更有甚者还会动手打父母。在这些孩子心里没有对父母的敬畏感，更没有对父母的责任感，做事非常自私，很少考虑父母的感受。

自私自利、没有孝心是孩子人格的一大缺陷，这种孩子即便将来走到社会上也不会受人待见，他们的人生之路注定走不顺畅。所以，有远见的父母都应该有意识地引导孩子，让孝顺深深地根植在他的心中，这样他在善待他人的同时才能被世界所善待。那么具体应该如何培养孩子的孝心呢？可以从以下三个方面着手。

第一，适当示弱，给孩子一个孝顺的机会。

很多父母总以孩子还小为由，对他所有的事情大包大揽：鞋带开了，怕孩子不会系，赶紧俯身帮孩子系好；吃饭一口一口地帮助孩子吹凉，然后再一勺一勺地喂进孩子的嘴里去；孩子的鞋袜脱了，从来不督促他自己收起来，而是自己一件件地帮他整理好。这种过分的宠爱让孩子活成了家里的"小皇帝"，孩子不仅能力上得不到锻炼，而且容易养成自私自利的品性。

明智的父母则绝不会时时充当孩子的保护伞，而是懂得适当示弱，给孩子一个表现孝心的机会。比如，生病了，让孩子给自己端点水，送点药；开饭了，请孩子帮忙拿个碗、递双筷子；身子累了，叫孩子揉揉腿、捏捏肩。这样的示弱既能培养孩子独立自主的能力，也能帮助孩子形成关心父母、体贴父母的意识。

第二，父母以身作则，给孩子树立一个好的榜样。

央视有这样一则"给妈妈洗脚"的公益广告：一位母亲给孩子讲完小鸭子的故事之后，端来一盆水给孩子的奶奶洗脚。这一孝顺的举动被年幼的孩子尽收眼中，孩子被妈妈的行为所感染，也悄悄地跑到卫生间去了。当妈妈给奶奶洗完脚回到自己的房间时，却早已不见孩子的身影，然而在她回头的一瞬间，催人泪下的一幕场景出现了：稚嫩的孩子吃力地端着满满一盆水，奶声奶气地说："妈妈洗脚。"妈妈见此情状不由得露出欣慰的笑容。接着电视画面上出现这样一行字："其实，父母是孩子最好的老师。"

是啊，有孝心的父母才能养育出有孝心的孩子，如果父母自己都不知道孝顺为何，不懂得平时给家里年迈的老人端茶、倒水、盛饭，孩子又怎么会在一个"孝"的氛围中养成关爱父母的习惯呢？正所谓："正人先正己，律己方能律人。"与其苦口婆心地给孩子传递孝的理念、灌输孝的思想，不如自己带头先孝顺老人，孩子在家长这个榜样的引导下自然也会在心中埋下孝顺的种子。

第三，让孩子树立长幼有序的意识。

现在很多独生子女家庭恨不得把孩子宠上天，有什么好吃好喝的先让着孩子来，有什么苦的累的先想着自己，这样，孩子以自我为中心和虚假的优越感就慢慢形成了。在这种心态的驱使下，孩子根本不知道什么叫长幼有序，更加不知道谦让家里的老人、尊重自己的父母。

为了避免这种糟糕的情况发生，父母应该从衣食住行的小事情入手，给孩子树立长幼有序的观念。比如切一个西瓜，首先让孩子把它送给家里年长的老人；再比如做一顿丰盛的晚餐，长辈落座之后孩子才能动筷子吃饭。这样才能打破孩子以自我为中心的自私念头，从而养成尊重老人、孝敬父母的习惯。

《孝经》中有这样一句话："孝，是一切德行的根本，是教化产生的根源。"孩子如果连这项基本的素养都不具备，那还怎么指望他长大之后承担责任、回报社会呢？所以，以身作则，有效引导，让孩子学会孝顺是每个家长的职责，家长只有培养出一个知恩行孝的好孩子才能算得上真正成功的教育。

比成才更重要的，是培养孩子的责任心

威尔逊说过："责任感与机遇成正比。"一个人能承担多大的责任，就能取得多大的成功。有责任感的孩子在温暖他人的同时也能够以强大的人格魅力获得更多成功的机会。反之，一个没有责任心的孩子则在危害他人利益的同时，也会把自己狠狠地坑一把。

2018 年 2 月，《看看新闻网》的官方账号上报道了这样一则关于熊孩子的新闻：在重庆某小区内，一个男孩趁电梯里没人竟然冲着电梯的按键撒了一泡尿，最后导致电梯短路、按键灯狂闪，电梯门打不开，孩子自己也被困在漆黑一片的电梯里。

孩子这一举动的原因除去淘气，其实更多的是家长对其责任感教育的缺失。电梯本就是公共设施，人人都有爱护公共设施的责任和义务，但这个报道里的小男孩很显然没有意识到这一点，所以才做出了如此不当之举。

而孩子这种缺乏集体意识和社会责任感的行为在损害别人利益的同时也危害了自身的安全。所以作为家长一定要警惕。

如果你的孩子出现以下几种情况，那么说明他的责任感严重缺失：

玩具使用完之后，摆得到处都是，从来也不收拾；

离开房间不知道关灯；

撞到邻居的小弟弟，不理不睬，拔腿就跑；

打破玻璃，一声不吭，拒绝认错道歉；

在公共场合大肆喧哗，全然不顾其他人的感受；

香蕉皮随地乱扔；

……

以上种种均为缺乏责任感的表现，家长如果发现自己的孩子对于这几条几乎全中，那么一定要想办法及时引导和纠正了。否则这种自私自利的行为不仅会影响孩子的人格发展，更会让他在今后的人际交往中受到限制。当然，更重要的是孩子的人生价值观也会跟着慢慢扭曲。

了解了孩子缺乏责任心的危害之后，父母就应该早早地加以重视，然后以科学、合理的方式治疗孩子的"精神亚健康"。那么具体如何培养孩子的责任心呢？聪明的父母可以这样做：

第一，给孩子树立一个正确的三观。

在日常生活中，我们常常会听到父母这样跟孩子讲话："水费反正不用咱们出，多浪费一点也没有关系。""想尿的话不要憋着，蹲下来尿吧，反正公园是大家的。""宝宝要是喜欢树上的花儿，那就摘一朵带回家吧！"

试想孩子在父母这些言论的影响下能变得有责任感、有担当吗？作为家长只有摆正是非观，告诉孩子什么该做、什么不该做，孩子才会有意识地约束自己的不当行为。

第二，教育孩子勇于承担。

记得深圳卫视的《正午30分》里曾报道过这样一则新闻：在陕西咸

阳某个小区的电梯里，保洁员发现了一摊尿，刚开始大家还以为这是小动物所为，后来物业查看监控才发现，"元凶"竟然是小区里一个十岁的小男孩。孩子的妈妈听到儿子有这一行为后，立刻在小区的业主群里发了道歉信，之后还罚儿子打扫了一个月的电梯。妈妈的这一做法引来了邻居的啧啧称赞，而此后孩子再也不敢犯同样的错误了。懂得让孩子为自己的错误买单的父母才能教育出一个有责任感的好孩子。

第三，鼓励孩子的"负责任"行为。

菲菲是一个5岁的小女孩，有一天她跟着妈妈去公园玩，突然看到不远处的垃圾桶旁边有几张糖纸，于是她赶紧跑过去把糖纸捡起来，扔进了垃圾桶里。妈妈见状，赶忙对菲菲夸了几句。自此之后，菲菲看到垃圾都会主动捡起来，不管是家里的还是公共场所的，她都把这项劳动看作自己的一种责任。后来，菲菲因为这些善举还获得了好几张学校颁发的奖状。

有的时候孩子做事情全凭自己的兴趣爱好，如果家长对孩子的要求不明确，他就觉得没有坚持下去的必要，但是如果这个时候家长能用只言片语赞扬孩子"负责任"的行为，那么一定会激发起孩子继续做的兴致和欲望，这样对培养孩子的责任心有很大的帮助。

总而言之，责任感是孩子将来立足社会必不可少的一项重要品质。作为父母，除了要照顾孩子吃饱穿暖之外，更应该关注孩子的精神健康。而孩子只有树立一定的责任感，将来才可能以一个健全的人格更好地与别人相处。

在孩子心中播下同情的种子

有一次姗姗陪着妈妈去买菜，中途路过一个海鲜摊，摊上摆放着几条活蹦乱跳的待宰的鱼。姗姗看着那些可怜的小鱼，不由得停下了脚步。

"妈妈，我不想要这些鱼死，我们赶紧把这些鱼全部买下来，然后再放回大海里吧。"心生恻隐的姗姗瞪着渴求的大眼睛急切地跟妈妈说道。

但妈妈却不为所动，不紧不慢地说道："这些鱼生来就是让咱们吃的，不吃它们，咱们怎么获取身体所需的营养呢？"姗姗还想跟妈妈争辩什么，但已经来不及了。因为她眼睁睁地看着摊主拿着一把锋利的刀一下子刺进了鱼的身体里，顿时一股鲜红的血液喷涌而出，摊主不管奋力挣扎的鱼，继续娴熟地将鱼开肠破肚，鱼挣扎了一会儿便不动了。

姗姗见此情景急得直掉眼泪，她哽咽着责怪妈妈："都怪你，没有及时救下它，它现在都死了。死的时候，不停地挣扎，它该有多疼啊，呜呜……"

妈妈见姗姗一副哭天抹泪的天真模样不由得乐了起来。姗姗看见妈妈不但不心疼小鱼，反而开怀大笑，心里恼怒极了，她一下子甩开妈妈的胳膊，自己径直走开了。

心态不同的人看到的世界也是不一样的。在大人的眼里，鱼不过是获取营养的一道食材，而在孩子的眼里，鱼却是一条活生生的生命。对于孩子天真稚嫩的想法，大人也许会不屑一顾，但它却折射出了孩子一种弥足珍贵的心理——同情心。富有同情心的孩子能设身处地地为他人着想，进而付诸行动给予对方相应的关心、支持和帮助。这样的孩子成年以后可以更好地融入社会，与他人建立良好的人际关系。

聪明的家长能够认识到同情心在孩子成长过程中所起的作用，所以他们在培养、发展孩子智力的同时也非常重视孩子同情心的培养与发展。那么具体来说，应该怎么做才能培养孩子的同情心呢？

第一，让孩子充分认识各种情感。

让孩子认识和了解情感是培养孩子同情心的一个重要前提。如果孩子都不知道难过、尴尬、紧张、害怕等情绪究竟是什么样的，那么他又怎么能够同情别人的处境、理解别人的感受呢？

而要让孩子了解更多情感词语以及含义，那就需要家长及时地给孩子普及知识。比如，孩子看到一条长腿的毛毛虫向自己爬过来的时候，你就可以问孩子："宝宝，你是不是很害怕呢？"再比如，孩子被别的小朋友冷落之后，一个人躲在角落里发呆，这时你可以问问他："孩子，你是不是感觉到很孤单，很难过呢？"当孩子了解了各种生活情景以及在对应情景下产生的各种情绪之后，他就能很好地对他人产生共情，从而进一步去同情他人。

第二，父母为孩子做好表率。

父母是孩子的第一任老师，父母平时的言行对孩子一生的性格以及品性的养成有着很大的影响。因此，我们要想培养出一个有同情心的孩子，首先自己要做出良好的表率：遇到陷入困境的人，或者弱势群体，要及时关心和帮助他们。这种富有同情心的行为会影响和感染孩子，孩子也因此会成为一个内心温暖，且能真诚帮助别人的"小太阳"。

第三，鼓励和赞扬孩子有同情心的行为。

当孩子帮助受伤的小兔子擦洗伤口时，家长可以这样鼓励孩子："宝宝，你真是一个温暖、善良的好孩子呢！你这样帮助小白兔，小白兔心里很温暖，很感激你。"这样的鼓励、赞扬可以进一步强化孩子实施善行的意愿，也可以坚定孩子继续做善事的信念。

第四，给孩子讲一些充满同情心的故事。

《三字经》里这样写道："人之初，性本善。性相近，习相远。苟不教，性乃迁。"这句话的意思就是人生下来本性都是善良的，只不过后来受环境的影响，彼此之间的性情相差得越来越远了。如果我们还想让孩子的这种爱心和同情心继续保持下去，就要有意识地加以引导。

具体如何引导比较合适呢？给孩子讲一些古今中外的充满爱心、同情心的经典故事就是一个不错的选择。当孩子沉浸在温暖的故事里时，那种善良和爱心在不知不觉中就埋进了孩子的心底，而潜藏在孩子体内的同情之心也会被唤醒，从而发挥它真正的作用。

当然了，家长在利用这些方法培养孩子同情心的同时，也不要忘了教给孩子察人、识人的本领，否则孩子的同情心会被谋划着骗局的骗子所利用，而孩子的身心也会因此受到一定的伤害。

让善良之花开满孩子的心头

记得笔者之前在书本上看到过这样一个温暖的故事：

巴西有一位著名的导演叫沃尔特·塞勒斯。有一回，沃尔特想要为自己的电影找一个男主角，但是他跑了很多艺术院校、面试了众多学生，仍然没有找到一个让他满意的孩子。

后来，沃尔特因为有事去了一趟城市西郊，中途在火车站的广场上碰到一个十岁左右的擦鞋的小男孩。小男孩看见沃尔特连忙追上去，询问他是否需要擦鞋服务。但沃尔特的鞋子刚刚擦过，干干净净，所以他想都不想，一口拒绝了小男孩。

然而就在沃尔特转身离去的几秒钟，那个小男孩又一次追了上来，他红着脸，不好意思地恳请道："先生，我已经一天没有吃饭了，您能借我几块钱吗？您放心，等我擦鞋把钱凑够了，就一定会还给您。"

沃尔特见衣衫褴褛、瘦瘦小小的小男孩着实有些可怜，于是就掏出了几块钱递给了小男孩，小男孩接过钱道了声谢，便匆匆忙忙地跑开了。沃尔特看着小男孩远去的背影，心里暗自思忖：这次十有八九是被骗了。

　　半个月以后，沃尔特又一次经过西郊火车站，他突然看见一个小男孩老远就朝他打着招呼，走近一看原来是那天曾经找他借钱的小孩子，本来沃尔特已经把这件事忘得一干二净了，令他没想到的是那个小男孩居然真的信守承诺，把钱还给了他。小男孩的善举让沃尔特的心里不禁涌上一股暖流。突然，他发现这个小男孩跟自己脑海中设想的主角竟然如此相似，于是他把钱还给了小男孩，并且邀请小男孩第二天去自己的办公室做客，顺便给小男孩一个惊喜。

　　第二天一大早，小男孩如约来到了沃尔特影视公司的门口，不过他不光自己来了，而且连带着把其他穷苦流浪的孩子都带来了。沃尔特很惊讶地看着这一切，小男孩却一脸天真地解释道："这些都是和我一样没爹没妈的流浪孩子，他们也渴望得到您的惊喜礼物。"

　　沃尔特听后心里有点震惊，他没想到这个小男孩竟然如此善良，在自己获得好处的同时也不忘其他一起受难的小伙伴。后来，沃尔特经过反复观察和筛选，最终敲定了小男孩做自己剧本中的男主角。很多人对此大为不解，因为在面试者当中确实有几个比小男孩更适合一些。后来，沃尔特在录用合同的免试原因一栏中给出了答案：善良无须考核！

　　事实证明沃尔特的选择是正确的，小男孩用自己的善良、博大、无私成功地把剧中的角色演活了，而沃尔特的这部剧还因此获得了柏林国际电影节金熊奖等诸多大奖。

　　故事里的小男孩用自己的实际行动告诉我们：善良真的能给人带来好运。善良的孩子在帮助他人的同时也让自己受益。

　　此外，善良的孩子不仅人缘非常好，而且更容易受到别人的尊重，当然最关键的是心怀善意的人用和善的心态去看待世界，用善行去温暖他人，所以他获得的快乐比别人更多。

最后，科学研究还表明，善良的心境会促使人分泌一种有益身心的激素，孩子也会因为善良而获得更为健康的精神状态。因此，作为家长，我们需要有意识地培养孩子善良的品质。具体来说，应该如何培养呢？以下是几个可供参考的建议。

第一，教育孩子从小事做起。

刘备有一句话叫"勿以善小而不为，勿以恶小而为之"。意思是不要因为好事太小就不去做它。同样的道理，善行也不一定非要挑惊天动地的大事去做，教育孩子从点点滴滴的小事做起，日积月累，孩子善良的品行就会慢慢形成。

第二，通过讲故事向孩子传递善的理念。

在日常生活中，多向孩子讲一些真善美的故事，在故事的熏陶下，孩子就会明白行善举、做善事是应该追求去做的事情。另外，故事中善良的主人公也会成为孩子精神的榜样，在榜样的引领下，孩子会一步步地朝着家长期待的方向发展。

第三，肯定和接受孩子的善意。

心理学家高普尼克通过试验研究发现一岁到一岁半的孩子已经懂得"乐于助人"了。面对孩子的帮助，家长一定要很高兴地接受，并表现出对他这种善行的一种认可。比如，孩子把他手里的一个瓜子递给你，你一定要乐呵呵地接过去，然后很高兴地把它吃掉，并且在吃的同时还要夸奖孩子："宝宝，你真是一个有爱心的好孩子呢！你送来的东西很好吃，妈妈（爸爸）非常喜欢。"这样孩子在你的夸奖和鼓励之下也会变得很开心、很幸福，当然这种积极的情绪也会促使他下一次继续做好事、行善举。

最后想告诉大家的是，孩子善良固然是一件好事，不过，家长还需要告诉孩子，在与人为善的时候要把握好分寸，不要盲目善良，也不要过分善良，更不要不计后果地行善良之事，否则孩子会受到很大的伤害。

培养孩子"犯错道歉"的意识

记得笔者以前在《Vista 看天下》的抖音账号上看到过这样一个非常暖心的短视频：

一个四岁的小萌娃抱着一个礼物来到楼下的邻居家里，寒暄过后，小萌娃奶声奶气地跟邻居说道："对不起，我不应该在楼上又跑又跳的，你能原谅我吗？"邻居看到这个讲话磕磕巴巴，但满脸真诚的小男孩，笑着回应道："没有，没有，阿姨就没有埋怨过你啊！"

这时萌娃妈妈也解释道："一年了，老是又跑又跳的，说也不听。"邻居听了亲切地摸着小萌娃的脑袋，笑着说："阿姨可理解你了，知道你是小朋友，就多担待点，阿姨知道你长大就不闹腾了。"看到邻居阿姨也没有责怪的意思，小萌娃赶紧把自己准备好的礼物笑眯眯地递了上去。

孩子犯错后父母的教育非常关键，上面案例中的家长就给我们做了一个很好的示范：当自己的孩子又跑又跳，惊扰到邻居时，她首先是没有包庇孩子的错误，也没有代替孩子道歉，而是引导孩子自己当面向邻居表达歉意，其次她还有心地让孩子准备了一个礼物，以此表达他们道歉的诚意。

但是在现实生活中，像这个四岁小萌娃那样真诚道歉的孩子很少，犯错不认错的孩子却很多。很多孩子犯了错之后会悄悄地走开，如果被别人批评指责，还会抵赖狡辩，强硬争辩，就是不肯道歉。对于孩子这种犯错不认错的态度，家长一定要重视起来。犯罪心理学家李玫瑾教授说过："如果从小不教育孩子是非对错，孩子的观念里这一部分就会缺失，孩子就会离正确的路越走越远，终有一天，会铸成大错。"

所以，为了帮孩子树立一个正确的价值观，也为了培养孩子的责任感，作为家长的我们一定要在孩子犯错之后帮助他们培养道歉意识，告诉孩子正确的是非观念，让孩子在改正错误中快速成长起来。另外，父母在引导的过程中也要注意讲究方法和策略，以下三种错误的教育方式，大家一定要避开。

第一，用暴力对待孩子。

有些父母看见孩子犯了错误，上来就是一顿臭骂，或者毒打，他们认为这样的侮辱、谩骂或者皮肉之苦可以让孩子长点记性，殊不知这样的语言暴力和行为暴力只是暂时对孩子起到一种威慑的作用，但是孩子并没有真正认识到自己的错误，并且还会在心中埋下叛逆反抗的种子。

第二，言语胁迫孩子认错。

有些孩子在众目睽睽之下犯了错，此时家长觉得如果不好好修理一下他会显得自己很失职。于是为了树立自己严父严母的形象，也为了让别人觉得自己通情达理，很多家长就会用威逼利诱的方式逼迫孩子道歉。比如："你再不跟小弟弟道歉，我就不要你了。""快跟小妹妹说声对不起，赶紧的。你要是听妈妈的话，表现好，妈妈就给你买你喜欢的恐龙。"

这样的方式无法让孩子真正认识到自己究竟错在哪里，会使他们只知道赶快承认错误才能避免父母的纠缠和责骂，所以他们下次犯错的概率还是很大。

第三，一味地讲道理。

有时候，孩子犯错，父母一味给他讲道理也是没有用的。因为有些孩子心智发展尚未成熟，尤其是学龄前的孩子，你跟他讲大道理，那基本是白费口舌，因为他根本理解不了你的大道理，更加不会反思和改正自己的错误。正确的方式是先安抚孩子犯错之后产生的紧张情绪，等孩子冷静下来之后再引导孩子换位思考，以此帮助孩子认识到自己给别人造成的伤害，从而鼓励孩子勇敢承认自己的错误。

孩子犯错不是一件可怕的事情，可怕的是父母不懂得用恰当的方式处理，最后不仅没有培养好孩子的"犯错道歉"意识，反而给孩子造成其他方面的负面影响。那么我们应该如何正确地教犯错的孩子"道歉"呢？

第一，培养孩子的同理心。

同理心即了解他人心情、感受的能力。孩子若是拥有了这种能力，就能理解别人的感受，而他明白了别人的感受，也就能意识到自己的错误，从而能够真诚地向别人道歉。

那么我们应该如何培养孩子的同理心呢？演员霍思燕在一个节目中给出了教科书级别的做法。在节目中，霍思燕的儿子嗯哼被一个玩具的小零件扎伤了脚丫子，痛得哇哇大哭，而且他边哭边把那个"凶器"愤怒地扔了出去。霍思燕见状赶忙上去给了孩子一个爱的拥抱，抱完之后还耐心地安慰着孩子，并且温柔地帮他吹着脚掌，以缓解他身体的痛感。孩子看见妈妈投来了爱的关怀和对自己情绪的理解，慢慢就平静下来了。等孩子的理智重新回归之后，霍思燕才就孩子刚刚的不当行为展开教育："那个东西不要生气扔掉，扔掉了不小心又可能会被别人踩到。所以，碰到这样危险的东西，一定要拿给妈妈，或者拿给老师，或者扔到垃圾桶里，或者放到高的地方。"说完之后，霍思燕把扔掉的玩具捡回来，自己也踩了一下，然后感同身受地告诉孩子，自己能感受到和孩子一样的痛苦。妈妈这样的做法很容易让孩子从自己身体的痛联想到妈妈的痛，由此，孩子的同理心也就培养起来了。

第二，父母在生活中以身作则。

笔者之前在《话山论见》节目中看到过这样一个新闻：一位百万豪车的车主坐在车里等人，突然听见车后传来一阵尖锐的声音，车主下车查看，才发现一个孩子拿着一个很长的钻头，把他的车划了很长很深的两道线。孩子被逮住之后，毫无悔意。无奈车主把他带到派出所，很快孩子的父母也被叫了过来，但面对儿子犯下的错误，这位母亲竟然这样说道："他就是没道德，你把他关走嘛。我愿意，我现在就愿意配合你，把他关到少管所。"后来民警经过调查还发现，这个孩子划伤的还不止这一辆车，之前已经有九辆车惨遭他的"毒手"。

每一个肆无忌惮的孩子背后都站着一个不可理喻的家长。上面这个新闻中的家长为了躲避赔偿，就干脆拿孩子当挡箭牌。难怪这样不负责任的家长会教出一个犯错不认错的孩子。身为父母，只有我们以身作则，给孩子做犯错知错且认错的好榜样，孩子才能成为一个勇于认错的好孩子。

第三，鼓励孩子为自己的行为负责。

乔安娜·法伯在《如何说宝贝才会听》里有这样一句话：当牛奶洒到

地上时，我们更需要一个拖把，而不是"对不起"。当孩子犯错之后，他需要做的不仅仅是说一声"对不起"，而且应该努力思考如何想方设法弥补自己的过失。比如，孩子踢球的时候不小心把邻居家的玻璃砸碎了，父母除了要让孩子向邻居真诚道歉外，还要鼓励他节衣缩食省钱或者依靠自身的能力赚钱来赔偿邻居被砸碎的玻璃。孩子只有体会到了犯错的代价，才能避免以后犯同样的错误。

在《正面管教》一书中，简·尼尔森博士曾说：犯错是学习的好机会。对于孩子来说，每犯一次错，他们其实也拥有了一次学习进步的机会。父母们一定要抓住这次教育的契机，对孩子进行正确且适当的引导，这样孩子才能在一次次的改正错误中健康成长起来。

宽容——孩子成功人生的奠基石

记得笔者以前在网络上看到过这样一个意味深长的故事：

一天上课的时候，一位老师问学生们是否有不喜欢的人，很多学生听到这句话都默默地点了点头。接下来，老师给班级的每个孩子布置了这样一个任务：请你把自己讨厌的人的名字写在一个纸条上，放学之后找一块石头，把纸条贴在石头上，挑选的石头的大小根据你对他的讨厌程度来决定，讨厌的程度越深，挑选的石头越大。每天大家都把"讨厌的人"装在袋子里，带到学校来。

这些学生接到这个有趣的任务之后都感觉很新奇，于是争先恐后地照做了。但是随着时间的推移，孩子们包里携带的石头越来越多，重得都快背不动了。这时有的孩子就抱怨了："老师，这些石头背着实在是太累了，我不想再背了，我都快累死了。"

老师听后示意大家以后都不要再把石头放进去了。对于任务的中断，学生们都有些诧异。看着孩子们疑惑不解的样子，老师缓缓地解释道："孩子们，讨厌一个人就好比给自己的心里塞一块石头，你讨厌得越多，就塞得越多，当然也就越累。所以，为了让自己更加轻松，我们也应该学会宽容别人，不要对所有的小事情都斤斤计较。"

美国著名的文学家爱默生说过："宽容不仅是一种雅量、文明、胸怀，更是一种人生的境界。宽容了别人就等于宽容了自己，宽容的同时，也创造了生命的美丽。"懂得宽容的孩子在面对别人的错误时会宽心一笑，这样既让自己放下了思想包袱，从而使心情变得不那么糟糕，同时又能轻松化解自己与别人之间的隔阂，从而改善自己的人际关系。

另外，宽容的孩子还能容纳别人不同的意见，允许他人有过失，给他人改过自新的机会，这样的做法可以很好地赢得他人的好感，也能感化心怀不满的人。所以，从这个角度来说，宽容不仅仅是孩子一种重要的品质，更是他赢取未来的一种有力资本。

如果你的孩子心怀善良、性情宽容、温和待人、受人欢迎，那么做父母的应该为有这样的孩子感到高兴和自豪；如果孩子做不到如此，遇事斤斤计较、性情怪异，有"苛刻"的迹象，无法与他人和谐相处，那么我们就要有意识地培养孩子宽以待人的品质。具体如何培养呢？以下是几个有效的建议。

第一，用故事感化孩子。

古往今来，历史上发生过很多宽以待人的故事，比如宰相肚里能撑船的典故，再比如六尺巷的故事，这些故事里的人物胸怀博大、宽以待人，可以给孩子树立非常好的榜样，孩子在故事的熏染下慢慢也就能变得宽容起来。这种讲故事的方法能以曲折的情节、丰富的画面感，以及形象丰满的人物牢牢抓住孩子的心，这比单调乏味地讲大道理更容易让孩子接受。

第二，父母不做斤斤计较的人。

父母对孩子的影响是巨大且深远的，孩子的一言一行都是父母的影子。所以，身为父母，我们要给孩子树立好榜样，遇事不可斤斤计较，更加不要以一副得理不饶人的姿态苛待他人，而是应该在为人处世、待人接物上保持高姿态，宽宏大量，这样孩子才能在你的熏染和教育下成为一个宽以待人的谦谦君子、淑女。

第三，让孩子学会换位思考。

懂得换位思考的孩子能够设身处地地站在他人的角度理解他人的不易、宽容他人的过失。比如，当别人倒退的时候不小心把你的孩子踩了一脚，这时你可以这样引导他："刚刚很疼对吧，不过我们也不能过分责怪他，因为他也是不小心的。如果你是他，你倒退着走路，也是有视线盲区的，也可能会不小心踩到别人的，对吧？你看他刚刚也跟你真诚地道歉了，我们原谅他好吗？"孩子经过你这样开导，心里的怨气就会减少很多，就更加能宽容地对待别人。

第四，告诉孩子宽容不等于纵容。

宽容固然是一种宝贵的品质，但如果孩子没有掌握好原谅的标准，放弃自己的人生底线，一味地宽恕别人的过错，那就是一种懦弱、一种纵容了。身为父母的我们一定要告诉孩子碰到以下两种情况一定不要轻易宽容别人：第一种情况，别人一而再，再而三地占孩子的便宜；第二种情况，别人蓄意伤害孩子。碰到这样的情况，孩子的宽容已经变得毫无意义，一味地退让已经成为别人伤害孩子的资本。

所以，为了保障孩子的利益不受侵害，也为了维护孩子的尊严和底线不受践踏，我们应该告诉孩子宽容是有限度的，不能原谅的事情绝不原谅。

　　总之，孩子在人际交往的过程中难免会与他人发生冲突和矛盾，这时，孩子既不能蛮横霸道、不通情理，也不能软弱无能、任人欺负，做父母的要根据实际情况，帮助孩子把握好宽容的尺度，让孩子在人际交往中找到平衡点。

孩子养成诚信品格的四个建议

提到诚实守信这个话题，相信很多人脑海中马上就会浮现出我们小时候看过的"狼来了"的故事。故事里的放羊小孩多次以"狼来了"捉弄种田的农夫们，多次的故技重演慢慢地消耗掉了人们对他的信任，等到最后一次，狼真的来了，小孩的信用也用光了，最后他用生命的代价告诉人们一个朴实的道理：做人一定要诚实守信，不能谎话连篇，否则到头来受伤害的一定是自己。

在亲子教育的过程中，身为父母的我们也要培养孩子诚实守信的好品质，千万不要让孩子像故事里的小孩一样做一个言而无信的人，否则孩子会慢慢失去朋友，最后变成一个无人肯接近的"谎话精"。另外，倘若孩子一旦养成说谎的习惯，那可能就意味着他对任何事情都可能肆意妄言，变得毫无责任感。

反之，假如一个孩子诚实守信，那么他就会有极强的责任感，因为他会对自己说出的话负责任。而在负责任意识的驱使下，他会变得积极上进、做事认真、自律优秀，从而成为一个稳重且值得信赖的人。当然，当孩子具备这些美好的品质时，其实成功已经离他越来越近了。

从前，在美国的某个小镇上住着一个年轻的孩子，孩子在一家杂货店做着伙计的工作。有一天，有个女人来到这家杂货店买了二斤茶叶。然而到了晚上，这个小伙计却突然发现少给了那个女人一两茶叶，诚实的小伙计当即冒着凛冽的寒风、踏着风雪走了好几公里的路，硬是把之前短缺的那部分茶叶送到了那个女人手里。后来，这个年轻的孩子凭借着出众的能力和优秀的品质成为美国的总统，为美国的统一以及黑奴的解放作出了巨大的贡献。而这个言而有信的小男孩的名字叫作林肯。

了解了不诚实的危害和诚信的重要性之后，家长们就应该有意识地培养孩子的诚信意识，这样孩子才会拥有立身处世的根本基础和立足社会的基石。以下是几个可供参考的实用建议，大家在教育孩子的时候可以灵活使用。

第一，给孩子树立诚信的意识。

前面的章节中我们也提到过，幼小的孩子说谎是天性使然，并不是有意为之，懵懵懂懂的他们根本不知道所谓"诚信"究竟是什么样的一个概念，也不知道拥有这个美好的品质对于他们的未来究竟有什么积极的意义。所以，作为父母的我们一定要带孩子认识诚信，使孩子了解它的意义，培养孩子诚信的意识，这样他们才能成为诚实守信的好孩子。

第二，对于孩子的责罚不能过度。

有些父母对孩子非常严苛，孩子稍微犯点错误，或者有一点缺点和短板就死揪着不放，他们用严厉的指责或者过重的惩罚来规范孩子的行为。这样就会在孩子头脑里留下恐惧的记忆，孩子为了逃避惩罚而被迫撒谎。为了避免这样的情况出现，家长一定要注意自己的言行，千万不要让过度的责罚影响孩子诚信品质的形成。

第三，用"以牙还牙"的方法让孩子认识到失信的危害。

很多时候，孩子的承诺就是一句空话，他们前脚刚刚答应你放下手机立马吃饭，后脚就又看得忘乎所以；前脚答应你去了超市不买玩具，后脚看到喜爱的玩具立刻哭闹着要买。对于孩子这种言而无信的行为，家长也可以通过"以牙还牙"的方法对付。比如答应孩子周末去公园玩，到了约定的时间，你可以假意模仿孩子、找各种各样的理由推托，当孩子明白被人骗的滋味并不好受时，他们也会懂得约束自己的行为，尽量做到言行一致。

第四，父母给孩子做诚实的榜样。

很多家长觉得孩子还小、好哄骗，所以就随意地给孩子许诺，殊不知这样不诚实的举动其实也会给孩子带来不好的影响。而我们要想消除这种负面影响，首先自己就要给孩子树立起最基本的守信用的榜样。

曾子的妻子要去集市买东西，儿子哭着也要跟在后面，她就对孩子说："你先在家待着，等会儿回来给你杀猪吃。"后来，妻子从集市上回来了，曾子捉住小猪就准备下手。妻子赶紧阻拦道："我只不过跟孩子开玩笑罢了。"曾子听后却认真地说道："我们不能和小孩子开这样的玩笑，孩子还小，没有自己的思考能力和判断能力，什么都需要跟父母学习，他还需要父母给予正确的教导啊。现在你欺骗他就是教他以后骗人！从此以后，他再也不会相信你了。这不是正确的教育方法。"说罢，他就把猪杀了。

春秋末年思想家曾子的故事告诉我们做人都要讲诚信，哪怕是父母也不能因为自己是长辈而欺骗孩子，否则孩子会跟着父母学坏。

总而言之，诚实守信是一个孩子必须具备的良好道德品质，培养孩子诚信的意识和习惯是每个父母必不可少的教育内容。身为孩子的引导者，我们应该尽早地帮助孩子培养诚信的意识，鼓励他们多做诚实的行为，争取把孩子培养成一个不仅有才学更有品德的优秀人才。

在孩子成长的道路上勇敢不能缺席

笔者在"中国蓝新闻"的抖音账号上曾看到这样一个有趣的内容：浙江嘉兴的一个 4 岁小男孩因为上学体检不得不去医院扎针抽血。看到周围的孩子疼得哇哇大哭，小男孩的心里也犯了怵，不过一旁的妈妈一直鼓励孩子："男子汉要勇敢！流血不流泪！"孩子听后也大受鼓舞，当医生的针头扎进他胳膊的一瞬间，这个小小的男子汉用稚嫩的声音一遍遍地狂喊着"流血不流泪"的口号，给自己壮胆。孩子的举动惹得周围的人笑声一片，网友见此情状，也忍不住夸赞道："宝宝真的好坚强，好勇敢啊！"

勇敢的孩子人人都喜欢和欣赏，但是在现实生活中，并不是每个孩子都能像视频中的小男孩那样克服心中的恐惧，勇敢地向困难宣战。事实上，很大一部分孩子看见陌生的环境和人还是会习惯性地躲在妈妈的身后；遇到有挑战性的任务，他们还是会临阵退缩，做起"逃兵"；课堂上，明明心里揣着正确答案，但就是不敢站起来主动回答老师的问题；明明很需要别人帮忙，但是犹豫再三还是不敢跟别人开口，生怕被别人拒绝会颜面扫地……

总之，生活中我们可以看到很多这样的胆小怕事的孩子，他们畏畏缩缩，做事情总是放不开，而且他们总喜欢蜷缩在安全的角落里，默默地重复着自己熟悉的事情，对于未知的领域从来不敢轻易尝试。那么这些孩子为什么缺乏勇敢的品质呢？其实原因无外乎以下几点。

第一，家长对孩子过度保护。

温室里长出来的花朵经不起风吹雨打。同样地，在父母手掌心里护着长大的孩子也经不住生活的磕磕碰碰。因为父母的过度保护已经让他们失去了历练的机会，最终他们会活成懦弱的鸵鸟，成为命运的弃儿。

第二，家庭教育的方法不恰当。

当孩子不听话的时候，有些父母老喜欢用幻想出来的鬼怪去吓唬孩子，比如"你再吵吵闹闹不好好睡觉，外面的那个妖怪就会把你抓走"。而孩子还小，认知也不全面，自然会被家长编造出来的鬼怪形象吓唬住，从此以后，他不管干什么心里都没有安全感，尤其是在漆黑的夜里，更加不敢一个人独立睡觉。

另外，还有的家长喜欢给孩子贴一些不好的标签，比如"胆小鬼""爱哭鬼"等。这些负面标签会引导着孩子不自觉地朝家长所言的那个坏的方向发展，久而久之，孩子真的不知道勇敢究竟是什么样子了。

第三，孩子接触的环境比较狭窄。

有些特殊家庭的孩子从小跟着爷爷奶奶在农村生活，平时很少到人多热闹的地方去玩，因此他们只对自己熟悉的小院子有安全感，一旦到了不熟悉的场所就会产生一种天然的防御心理，很难独立适应外面的环境。这个时候，他们的胆小怯懦其实也是可以理解的。

当然，除了上面提到的这三点原因之外，孩子的先天因素也会导致其胆小谨慎。比如有的父母性格就比较内向，在基因里携带的这个特点会遗传给孩子，所以孩子看起来也唯唯诺诺、不善与人交往。

胆小怯懦是孩子成长路上的一大阻碍，缺乏勇气的他们见到陌生人就害怕，有的时候即便遇到别人的热情相邀，孩子也会表现得腼腆、害羞，很难融入群体当中去。孩子这种怯懦的个性会让他陷入孤独和自卑中，从而影响其正常的人际交往。另外，很多胆小的孩子往往自信心也不足，没有什么主见，每次总是因为各种各样的原因否定自己，最后落得一事无成。

安耐丝·尼恩说过：生活随人的勇气大小而收缩或膨胀，一个人是否有直面人生的勇气将决定他人生的长度和宽度。勇敢对于孩子的成长至关重要，父母必须培养孩子勇敢的品格。孩子只有具备了这种品格，才会拥有自我激励、自我超越的关键动力；也只有具备这种品格，才能无惧生活中的种种挫折，披荆斩棘、勇往直前，从而成为生活的强者。

既然勇敢是孩子独立成长的必需品，父母应该怎样有意识地培养孩子的勇敢品质呢？以下是几点实用的建议。

第一，父母遇事要勇敢沉着。

俗话说，龙生龙凤生凤，老鼠生儿会打洞。一个胆小怯懦的父母是绝对培养不出勇敢、有胆识的孩子的。反之，父母只有在日常生活中表现出勇敢、沉着的一面，孩子才能耳濡目染，从中汲取可贵的勇气和力量，从而成为乐观勇敢的人。

第二，发掘孩子的"闪光点"，并加以鼓励。

很多畏畏缩缩、不够勇敢的孩子其实本身就缺乏自信，因为没有自信，所以他们不敢轻易走出安全区域，去尝试有挑战性的任务。对此，家长一定要善于发掘孩子身上的"闪光点"，以此激发孩子的自信，增加孩子尝试的勇气。比如，孩子不敢跑出去跟别的小朋友玩，家长可以这样鼓励孩子："宝宝平时这么善良、有爱心，一定能受到小朋友们的欢迎，因为大家都喜欢跟善良的孩子一起玩儿。"孩子看到自己的闪光点的同时，也增加了走出去社交的信心。

第三，不要在生活中给孩子过多的限制。

有些家长总是在带孩子出去的时候给他们设定很多的条条框框，比如，很多家长会说："宝宝，不要去那些沙子里玩耍，太脏了，里面都是细菌。""宝宝，不要在河边走，掉进去湿了裤子就麻烦了。""孩子，不要和那些小朋友玩，他们会抢你的玩具的。"就这样，孩子被限制在条条框框之中，失去了锻炼的机会，也丧失了尝试新事物的勇气。

所以，聪明的父母往往懂得给予孩子一定的自由，他们会鼓励孩子趴在地上近距离观察毛毛虫，也会允许孩子走到缓缓流淌的小溪里，尽情地感受自然的美好。孩子在一次次的体验中增加了见识，也锻炼了胆量。

第四，增强孩子的体育锻炼。

李玫瑾谈到亲子教育时曾经说过这样一个观点：胆小的孩子就一点，缺练！当孩子通过锻炼浑身充满力量，胳膊的弹力很大的时候，就不存在胆小的问题了。反之，如果一个孩子身上的肉松松垮垮，胳膊跟柴火棍儿一样，那么即使你天天教育他勇敢也是没有用的，因为他没有结实的肌肉，没有力量感和控制感。

因此，要想培养孩子勇敢的品质，父母首先要带着孩子加强体育锻炼，跑步、游泳、登山、拳击等都可以锻炼孩子的肌肉，增强孩子的体质，而孩子在锻炼的过程中也会磨炼意志、获得力量，变得更加勇敢。

　　另外，大家在了解教育方法的同时也要注意抓住教育的最佳时机。李玫瑾教授认为，3~6 岁是培养孩子品格的黄金时期。所以，父母在孩子 3 岁的时候就可以有意识地开始培养了。父母越早培养，孩子越能早早地独立、勇敢尝试，抓住人生中的各种可能。

培养孩子乐观品质的四个要点

著名作家高尔基的身世非常坎坷，在他三岁的时候，父亲就因为霍乱撒手人寰，母亲只能带着他回到了娘家。九岁的时候，外祖父的家里也破产了，这下全家的生活都没有了着落，无奈的母亲只能把外祖母的衣服改成大衣给高尔基穿，而鞋子高尔基也只能和母亲共穿。高尔基破破烂烂的穿着遭到同学的嘲笑，大家纷纷称他为"拾破烂的"。家里的一系列变故让高尔基对生活产生了悲观的想法，他觉得自己这辈子都会身处黑暗，永远无法翻身。

然而，意志的消沉并不能改变家庭的窘境，日子还是要继续过下去，为了填饱肚子，高尔基不得不外出打工赚钱。小小年纪的他给人看过大门，做过搬运工，也捡过垃圾。每到礼拜天，高尔基都会拿起一个大布袋，四处寻摸，看到人们丢弃的纸片、骨头、布头、碎铁，他都会一一捡起来，然后拿到废品加工厂换钱。

苦难的生活慢慢地磨炼了高尔基的意志，没有被困难打倒的他心态也渐渐变得积极乐观起来。重燃了生活的希望之后，高尔基刻苦学习、发奋读书，最终成为文坛里一颗耀眼的星星。

著名喜剧大师卓别林说：悲观让你每天看到阴雨，乐观让你每天看到阳光。乐观的孩子与悲观的孩子，其人生有着天壤之别。悲观的孩子面对一件事情总能放大眼前的困难然后做出消极的反应，而这些消极的反应又会反过来进一步加剧眼前的困难，最后孩子陷入恶性循环，再也看不到生活的出路。而乐观的孩子则拥有强大的内心，他们不管在什么时候都对未来保持着美好的期待，自始至终，他们都信心十足，在逆境和挫折中奋力挣扎，最后为自己的人生开辟出一条幸福的道路。

如何培养孩子积极乐观的生活态度，让他们在遭遇困难时仍能满血复活，是每个家长都应该给孩子上的亲子教育课。那么具体应该如何操作呢？父母们可以从以下四个方面努力。

第一，父母要保持乐观的姿态。

孩子总会模仿父母的行为，父母的一言一行对孩子性格、习惯的培养有着至关重要的影响。要是想让孩子变得积极乐观，父母首先遇事就不能消极气馁。

在《爱迪生自传》里记录了这样一个故事：一天，爱迪生的工厂突然燃起了熊熊烈火，而大火一起就意味着他多年的研究成果将毁于一旦。按照一般人的思维，面对这样巨大的损失，受害人肯定会捶胸顿足、伤心不已。但出人意料的是，他竟然对自己的儿子大声地说道："快去把你的妈妈叫过来，我相信她这辈子都没见过这么美丽而盛大的火光。"

爱迪生用自己的实际行动给孩子上了宝贵的一课：做人要保持乐观、豁达的精神，不因为一时的得失就让自己陷入消极的情绪当中无法自拔。

第二，父母不要给孩子灌输消极的思想。

要想让孩子的思想变得积极，那就不要老给他们灌输一些消极的思想。比如，"这道题太难了，依你的能力肯定解不开它，你还是老老实实看答案去吧！"再比如，"这自行车太难学了，你现在年龄还小，肯定学不会，我们还是等以后长大再学吧。"

父母这种灭孩子志气、长困难威风的做法无疑会让孩子养成消极的思维习惯，等到孩子以后面对其他的挫折和困难时就会习惯性地退缩，而不是以积极乐观的姿态迎接挑战。

第三，保持良好的家庭氛围。

家庭的氛围对孩子性格的形成有着很大的影响。一个在和谐愉快的家庭氛围中长大的人更容易养成豁达、乐观的性格。反之，如果一个家庭里父母经常吵得鸡飞狗跳，或者彼此冷战，氛围尴尬凝固，那么孩子的内心也是没有安全感的，他们无法从中汲取正能量，只会以消极悲观的态度看待周围的一切事物。

所以，父母在日常生活中一定要彼此宽容、懂得谅解，把家经营成一个愉快和谐的所在地，这样孩子才能在健康的家庭环境中养成积极乐观的心态。

第四，给孩子多一点鼓励。

美国教育专家丽塔·皮尔逊有一次在TED（即技术、娱乐、设计大会）演讲中向我们讲述了这样一个故事：一天，她为了对学生的学习情况进行摸底，于是出了20道测试题。结果试卷判下来之后，丽塔发现有个孩子竟然做错了18道题。但是睿智的丽塔并没有在试卷上写"-18"，而是写了一个"+2"和一个大大的笑脸。

这个学生拿到试卷后疑惑地问她："老师，这是不及格吗？"

丽塔点了点头答道："是的。"

这个学生更加不解地问道："那你为什么给我一个笑脸？"

丽塔接着答道："因为你正渐入佳境，你没有全错，还对了两个。我们复习这些题的时候，难道你不会做得更好吗？"

这位学生见老师如此看重自己，掷地有声地回应道："是的，老师，我可以做得更好。"

丽塔的故事告诉我们，赏识教育确实比批评教育更有效，一个温暖的鼓励就能瞬间调动孩子学习的积极性，一个善意的表扬就可以让孩子变得乐观积极，且浑身充满了向上的力量。这样明智的做法家长也可以学习借鉴。

英国生物科学家达尔文说过："乐观是希望的明灯，它指引着你从危险的峡谷中步向坦途，使你得到新的生命、新的希望，支持着你的理想永不泯灭。"孩子的人生只要多一份积极处事的乐观，就会多一份遇见美好的可能。所以，父母一定要想方设法培养孩子的乐观精神，孩子拥有了这笔宝贵的精神财富之后人生才会更加笃定从容。

爸妈常做这几件事，孩子坚强有韧性

现实生活中，一些孩子的抗挫能力真的很差，面对生活的磕磕绊绊，他们没有一点儿抵抗的能力。那么孩子为什么会出现这样的情况呢？原因不外乎以下三点。

第一，孩子被父母保护得太好。

有些孩子就像是父母养在温室里的花朵一样，经不得一点风吹雨淋，也承受不了一点打击和挫折。这类孩子一旦脱离父母的呵护，就会被现实的重拳捶得站不起来。

第二，孩子情绪调节能力较差。

有些性格坚强的孩子在碰到困难的事情或者遇到不公平对待之后，会将心中的愁苦和愤怒转化为积极向上的动力。有些性格软弱的孩子则久久沉浸在不良的情绪里面，甚至永远也走不出来。并且，当他内心的负面情绪累积到足够多的时候，还可能会做出一些极端的事情来。

第三，父母对孩子的期望过高。

为人父母，难免会有"望子成龙，望女成凤"的心愿。但父母对子女的期待一定要根据子女的实际情况去定，不要想当然地给孩子设立过高的目标，否则孩子内心的压力会非常大，甚至对未来失去信心。

了解了导致孩子抗击打能力差的原因之后，我们就要在今后的亲子教育中避开这些。另外，身为父母，我们还要积极主动地找寻一些方法，帮助孩子养成坚强且有韧性的性格，这样他才能在面对人生的风雨时越挫越勇，从而成为生活的强者。那么，具体应该如何做才能培养孩子的抗击打能力呢？家长可以参考以下几个建议。

第一，无条件地相信孩子。

心理学上有一个名词叫"暗示效应"，它指的是在无对抗的条件下，用含蓄、抽象诱导的间接方法对人们的心理和行为产生影响，从而诱导人们按照一定的方式去行动或接受一定的意见，使其思想、行为与暗示者期望的目标相符合。通常来说，孩子比成人更容易接受暗示。

在亲子教育中，家长可以采用"相信孩子"的暗示策略促使孩子身上产生暗示的效应。比如，你可以这样说："这个问题确实有点棘手呢，不过妈妈相信，你一定能坚强地克服眼前的困难，最后顺利地完成任务。"在暗示效应的作用下，孩子会变得坚强勇敢，一步步地依靠自己的能力达成最后的目标。

第二，培养孩子的生活自理能力。

一些自我管理的生活项目和琐碎的家务劳动对于家长来说可能信手即成、轻而易举。但是对于孩子来说，完成起来却有一定的难度，比如叠被子、洗袜子、系鞋带、穿衣服等，在完成这些任务的过程中，孩子们的耐心会受到考验，生活技能会进一步提升，意志力也会得到磨炼。而在磨炼的过程中，孩子的经验会得到累积，自信也会得到提升，性情也会变得更加坚韧。

第三，父母给孩子做坚强的榜样。

在电影《幸福来敲门》里，主人公克里斯·加纳是一个彻头彻尾的失败者，人到中年的他事业溃败，婚姻告急，债务加身，居无定所，日子过得凄苦极了。但是即便穷到带着儿子去地铁站内的厕所留宿，他依旧用轻松的语言洗去了儿子无家可归的烦恼，用坚强乐观的精神为儿子带来了生活的希望。儿子在他乐观精神的感召下也变得坚强勇敢。

爱迪生说过："伟大人物最明显的标志就是他坚强的意志。不管环境恶劣到什么地步，他的初衷与希望仍不会有丝毫的改变，而后克服困难，达到预期的目的。"坚强勇敢的精神和坚韧不拔的意志力永远是孩子宝贵的精神财富，孩子拥有了这些财富，才会在逆境中逢山开道、遇水架桥，无所畏惧地驶向成功的彼岸。

培养孩子的利他思维

在新冠肺炎疫情刚暴发的时候，笔者有一天在抖音短视频上看到这样一个暖心的场景：一个六七岁的小男孩看到街边有一个拾荒的老人，立刻从电动车上跳下来，随即把手里的瓶子有礼貌地递给了老人。看到老人没有戴口罩，小男孩又拿了一个口罩递给老人，而且看到老人戴上口罩后他还贴心地为老人捏紧了鼻夹。此视频一出，这个爱心爆棚的小男孩瞬间收获了无数热心网友的称赞，同时他的这一暖心举动也惹哭了不少网友。

疫情之初，口罩成了当时最为紧俏的物资。在这种情况下，这位小男孩依旧慷慨解囊，把为数不多的口罩分享给他人，这种温暖无限的利他行为犹如冬日的暖阳，给这位身处寒冷之中的老人带来了无限的暖意。

俗话说，爱出者爱返，福往者福来。一个心系他人的好孩子在给别人带来温暖的同时，也给自己铺好了一条阳光大道。

在一个风雨交加的夜晚，一家旅馆里走进来一对老年夫妇。旅馆年轻的服务生乔治·伯特接待了他们，不过由于这里被参加会议的团体包了下来，所以乔治·伯特只好无奈地回绝了这对老夫妇的订房请求。老夫妇看着外面的暴风骤雨，满脸的焦急。这时，热心善良的乔治·伯特因为不忍心看到夫妻俩露宿街头，就主动把自己的休息间让了出来。

第二天，这对满怀感激的老夫妇主动提出要拿钱酬谢乔治·伯特，但被乔治·伯特拒绝了。因为他认为自己的房间是免费借给老夫妇住的，如果再收钱就显得不合情理。另外，昨晚自己已经在这里赚了钟点费，而钟点费就包含房间的费用，所以老夫妇没必要再给他钱。

老先生见此情形，深受感动，他温和地对乔治·伯特说："你这样的员工是每一位老板梦寐以求的。或许将来有一天，我会给你盖一座旅馆的。"

乔治·伯特听了老先生的这番话还以为他开玩笑呢，并没有当一回事。然而几年后的一天，乔治·伯特突然收到了老先生的一封来信，信里老先生真诚邀请他去曼哈顿，并且还给他附赠了一张启程的机票。后来，乔治·伯特果然在曼哈顿看到了老先生承诺中的那份重礼——一所豪华的宾馆。

于是乔治·伯特便自然而然地成了这家旅馆的管理者。后来，在乔治·伯特的辛苦经营下，短短几年，这家旅馆便驰名全美。

美国沃顿商学院教授亚当·格兰特也说过："帮助他人解决问题可以让人学到东西，你的社会资本也会随之积累，虽然这些都不是能够即刻兑现的，却会在不经意的时候给你惊喜。"一个懂得为他人着想的人，命运里本身就藏着好运气。如果你也希望自己的孩子此生获得源源不断的好运气，那就积极培养孩子的利他思维，让孩子成为一个广施恩惠的良善之人。具体应该如何培养呢？家长们不妨从以下几个方面着手。

第一，及时鼓励孩子实施的善行。

著名的家庭教育专家卢勤曾说："孩子的爱心是稚嫩的，你在乎它，它就会长大；你忽视它，它就会枯萎；你打击它，它就会死去。如果你想拥有一个富有爱心的孩子，那就请你在生活中培养它、呵护它吧！"

父母平时可以鼓励孩子多做一些关心他人的举动。一旦孩子遵从，那么一定要及时给予口头的表扬，以此不断强化孩子的这种行为。比如："宝宝很懂事，还能主动帮助同学挖坑、浇水，真好！""宝宝今天主动帮助妈妈择菜了，表现真棒！"

第二，以身作则胜于言传。

美国教育专家劳·诺尔蒂说过："友善伴着孩子，他看见洒向人间的都是爱。"身为父母，如果处处以爱和友善的态度待人接物，那么久而久之，孩子也会深受影响，进而做一些有利于他人的事情。这种以身作则的善举远远比干巴巴的说教更具说服力和感召力。

第三，引导孩子站在他人的角度思考问题。

一天，著名作家刘墉带着全家一起出去吃火锅，儿媳把火锅的肉片一片片地放到锅里，煮熟之后，孙子拿着筷子在锅里挑来挑去，最后把锅底的瘦肉夹到自己碗里。刘墉就问孙子："你为什么要夹下面的肉？"孙子答道："下面的肉颜色比较好，肥肉比较少。"

看着孙子这种略显"自私"的行为，刘墉沉思片刻，然后温和地问道："你挑了下面的肉，那上面的肉给谁吃呢？"这句话的意思就是质问孩子，你把好的肉都挑走了，那么把不好的肉留给爸爸妈妈、爷爷奶奶，这样做对吗？

睿智的刘墉通过提问的形式引导孩子站在他人的角度思考问题，从而让孩子意识到自己的自私，最终帮助孩子培养起"为他人着想"的意识。

　　以上就是培养孩子利他思维的三点建议，家长可以根据孩子的实际情况灵活采用。另外，大家需要注意的是，利他行为并不等于讨好，所以家长在引导孩子帮助他人的同时也不要忘了考虑孩子的立场，一味地委屈孩子满足别人是不理智的，这样的行为不值得大家提倡。

第四章
激发孩子潜力，
从孩子的心理教育开始

为孩子安装"高性能引擎"——进取心

某综艺节目《放学后》里有这样一户二孩家庭：弟弟一帆做什么都争强好胜，特别敏感；而姐姐一诺则神经大条，做什么事都与世无争。放学后做口算题，像做"5-2"这样简单的算术题，一诺能磨蹭一小时。弟弟一帆在旁边看得着急，他跟姐姐说："你得加油啊！"风轻云淡的姐姐则转过身反问弟弟："我为什么要加油啊？"弟弟急着解释道："你做得好，这样你就会超过所有的小朋友。"而不紧不慢的姐姐又来一句："我为什么要超过他们呢？"弟弟不可思议地看着姐姐，然后着急地说："这样老师就会表扬你，会喜欢你啊！"结果姐姐又慢悠悠地来一句："我为什么要让老师喜欢我呀？"

妈妈对于一诺这样毫无进取心的举动感到又好笑又着急，她担心孩子这种什么都无所谓的态度最终会让她变得碌碌无为、一事无成。

其实在现实生活中，和一诺妈妈有同样担心的父母不在少数，他们的孩子大多不求上进，做什么都懒懒散散，总是需要家长和老师的催促；不在乎自己的成绩，考高考低都无所谓；写作业磨磨蹭蹭、应付了事；不管做事还是学习，没有目标、没有计划等。

那么孩子为什么会变成这种不求上进的样子呢？大概的原因归结起来不外乎以下三点。

第一，父母挫伤了孩子的进取心。

孩子其实并不缺乏上进心，只不过有的时候家长的某些言论会挫伤他们做事的积极性，比如："你太小了，肯定做不好。""你怎么连这么简单的事儿都做不好，真笨！""你看看人家，比你小，还比你强。"这些挖苦、讽刺、打击的话会让孩子自尊心受伤，最后直接放弃努力。

第二，孩子缺乏必要的教育指导。

有些家长本身就缺乏上进心，他们工作的时候自由散漫、不思进取，对孩子的教育也不上心。孩子在情感和智力上都没有得到有效的引导，所以也跟父母一样，缺乏积极向上的能量。

第三，孩子自身的特点。

孩子年幼，本身就缺乏自我监督、自我激励、自我调节的能力，所以做事不积极、学习不主动也是正常现象。再加上孩子天性就喜欢玩，这就导致他更加不愿意去学习一些枯燥乏味的知识。

进取心是一个孩子必备的良好品质。孩子拥有了进取心，就能够积极主动地去学习知识，也能够自我激励，发挥潜能，不断奋斗，赢得辉煌人生。反之，如果没有进取心做支撑，那么孩子就不会有力争上游的决心，从而被动地接受学习，并且这种没有内在驱动力的人生注定会碌碌无为、难成大事。

了解了进取心对孩子成长所起的关键作用之后，我们就要运用恰当的方法去培养孩子的进取心。具体如何激励孩子的进取心呢？家长可以从以下几个方面来进行。

第一，给孩子设立积极的形象。

哈佛大学的心理学教授罗森塔尔有一次去某个学校考察，他随机从每个班里抽3名学生，然后组成18人的试验小组。后来，他把这18人的名字郑重其事地透露给了校长，然后告诉他们："这18名学生经过科学测定全都是高智商型人才。"半年之后，罗森塔尔又一次来到这个学校，结果发现这18名学生发生了翻天覆地的变化：他们变得积极乐观，努力上进，学习成绩也有了质的飞跃。

罗森塔尔的试验启发我们：要想让孩子变得有进取心，不妨为他们立一个积极向上的形象。孩子对自己有了清晰的定位之后，就会不断地朝这个方向努力，久而久之，你会发现之前那个做事不用心、学习马马虎虎的孩子已经不见了，取而代之的是一个奋发向上、努力奋斗的优秀少年。

第二，用心保护孩子的成就感。

在日常生活中，我们常常能看到这样一种现象：孩子非常用心地画了一幅画，然后得意扬扬地把自己的杰作呈现在父母面前，但是见多识广的父母看到孩子幼稚的图画不屑一顾地笑一笑。这个表情对于大人来说也许再正常不过了，但是对于孩子而言却是一种致命的打击，因为你这是在轻视他的创作成果，也在摧毁他的成就感，导致后期他心中上进心的火苗也会随之熄灭。所以，聪明的父母一定会好好呵护孩子的成就感，让孩子在认可和鼓励中一步步地朝着更高、更远的目标发展。

第三，引导孩子多读励志书籍。

家长平时可以带领孩子多读一些励志类的书籍，或者名人伟人的传记、传奇，孩子可以从这些人身上看到努力奋进、积极进取的精神，当然，在这些精神的感召下孩子也会变得不甘平庸、力争上游。

　　总而言之，上进心是激励孩子不断追求进步的驱动力，一个孩子假如没有进取心，那么即便他的天赋再高，也难以在某方面有所建树。身为家长的我们一定要多方努力，不断激发孩子的上进心，从而让孩子在竞争激烈的社会环境下不被淘汰。

点燃孩子心中那把求知的火

2021年3月13日，江苏卫视《新闻眼》发布了一则让人啼笑皆非的新闻：上海一名男子为了满足孩子的求知欲，在操场上进行了放大镜"聚焦生火"的实验。不过由于操作不慎，2000平方米的草坪被瞬间引燃。大火很快被闻讯赶来的消防人员扑灭，而男子也将面临草坪赔偿和行政处罚。

上述这个新闻案例中的父亲虽然做了一件极不靠谱的事情，不过他保护孩子求知欲的精神却非常值得我们肯定。众所周知，求知欲是孩子成长的一个关键因素，拥有了求知欲，孩子就拥有了对知识学习的一种持续的内在渴望。并且求知欲强的孩子思考能力也不差，他们对周围看到的事物有自己独特的见解。在求知欲的驱使下，孩子能一步步地探索和了解到事物的本质，从而学习到更多的知识。

另外，求知欲还是一个人创造力的重要源泉。当年爱迪生就是因为对一切事物充满了好奇，所以才在探索的过程中发明了电灯泡。

总而言之，求知欲是孩子非常宝贵的一种能力，不过有的时候家长却因为一些错误的方式扼杀了孩子的求知欲，大家在以后的亲子教育中一定要引以为戒。

第一，对孩子的提问置之不理。

好奇心是每个孩子与生俱来的能力，他们从咿呀学语开始就不断通过啃、咬、摸、扔等方式探索着这个世界。等到长大之后，他们的求知欲变得更加旺盛，每天会追在你的屁股后面问东问西："妈妈，为什么天是蓝色的，草是绿色的？""爸爸，为什么蚊子咬了人之后会这么痒？"当孩子的这些问题一个个朝着父母狂轰乱炸的时候，相信很多家长都苦不堪言，尤其是当父母因为生活的琐碎忙得焦头烂额的时候，更加不愿意理会孩子那些天马行空的问题。

当孩子看到父母对于自己的问题置若罔闻，甚至厌烦、打击、不认真、不以为然时，他提问的兴趣也会慢慢减弱。这个时候，你的种种行为其实已经扼杀了他心中的求知欲了。

第二，父母对"学习"的定义太狭隘。

很多家长把学习成绩看得过于重要，把孩子投入于其他爱好都定义为"玩物丧志"，这样的行为也会消磨孩子的好奇心和求知欲。比如，孩子近来对蚂蚁特别感兴趣，结果妈妈知道后立刻批评孩子："整天就对这些小蚂蚁感兴趣，观察蚂蚁能让你的数学成绩提高吗？每天这么不着调，就是不知道用功学习！"相信孩子听了这样一番言论之后，心中对小蚂蚁了解的渴望一定会大打折扣。

孩子的求知欲是一笔重要的精神财富，身为父母，我们一定要注意自己的一言一行，千万不要因为自己的无知白白扼杀了孩子求知的本能。另外，当孩子求知欲薄弱的时候，我们做家长的还需要通过以下的方法和手段促进孩子求知欲的发展。

第一，不要一次性给孩子灌输太多知识。

平常我们吃饭的时候，如果一次性吃太多的肉会吃腻，以后一段时间很难再对肉提起兴趣来。同样的道理，如果我们平时把知识一股脑儿传授给孩子，孩子不仅不好消化，而且会连继续探索的兴趣也没有了。

所以，聪明的父母懂得循序渐进地引导孩子思考问题，在思考的过程中，孩子的求知欲就能被很好地激发出来。

第二，给孩子足够的探索时间和空间。

一个15岁的小男孩把家里能拆的东西都拆了个遍，然后把零件重新组装，制作了迷你的家电和飞机。他的小姨崩溃地说："家里没有一件完整的物件！"

家里人虽然吐槽说"除了姥爷，谁都想揍他"，不过大家都不约而同地给了孩子足够的探索时间和空间。而孩子也正是因为有了家人的"纵容"，所以才获得更多摸索的机会，才能制造出很多的稀奇玩意儿。

第三，丰富孩子的生活，拓宽孩子的视野。

如果孩子一直生活在狭隘、固定的场所，那么他的眼界肯定会在一定程度上受到限制。但是如果把孩子带到更为广阔的天地，让他接触更为丰富的事物，那么他的好奇心和探索欲肯定会随着视野的开阔不断增强。

最后，需要提醒大家的是，好奇心是一把双刃剑，大家在保护和激发孩子好奇心的同时也要注意规避好奇心带给孩子的伤害。比如有的孩子在好奇心的驱使下把钥匙伸进了电动车的充电孔里，最后造成重度烧伤。再比如，有的孩子好奇地把干燥剂丢进了水里，结果炸伤了眼睛。这种因为好奇心而引发的事故数不胜数，家长在日常生活中一定要警惕起来。

目标——孩子疲惫时的一味"强心剂"

曾经有人做过这样一个心理学试验：试验人员将受试者分为三组，每一组人员都要向着十公里外的不同的村子走去。

试验开始了，第一组的人员既不知道村子的名称也不知道此行到底要走多远的路程，他们只是被告知要跟着向导往前走。前路漫漫，毫无目的，这群人刚走出两三公里就不想走了。后来，路程走到一半的时候，人们变得愤怒起来，有些人甚至直接坐下来不愿意走了，因为他们不知道自己还要走多远，什么时候才能到达终点。

到了第二组的时候，试验人员只告诉他们村庄的名字和路程的长短，并没有在路边设置里程牌。这也就是说，这组人员只能靠自己已有的经验判断行程中的时间以及距离。当第二组人员走到一半的时候，很多人都迫不及待地想知道剩余的行程还有多少，这时有经验的人告诉大家已经走了一半的路程，听了这样的话，很多人的心里又有了盼头，于是继续往前走。等到路程只剩下四分之一的时候，大家累得实在走不动了，心情也变得失落低沉，这个时候有人提醒道："大家再坚持坚持，快到了。"众人听到快要抵达终点了，于是又打起精神来，加快了行走的步伐。

到了第三组的时候，试验人员不仅告诉了他们村庄的名字和路程的长短，而且还在行走的公路上每隔一公里设置一块路牌。由于这组人员对自己的行程有了细致的了解，所以大家走起路来更加胸有成竹。每看到一个里程牌，大家心里就轻松一分。这次的村庄之旅很快在大家的欢声笑语中完成了。

这个心理学的试验告诉我们：当一个人制定了详细的目标之后，就相当于给自己注射了一支"强心剂"，他就更加有勇气克服眼前的困难了。

同样地，设立目标对于孩子的成长也是至关重要的。有目标的孩子不管学习还是做事都有方向感，并且有了目标的驱动，孩子做起事来更加积极，有的时候中途即便感觉到疲惫，但一想自己达成目标后的美好体验，心中的疲惫感便一扫而空了。

既然目标是激发孩子不断向上的动力，那么我们应该如何帮助孩子树立目标呢？

第一，树立的目标必须是孩子发自内心真正想要的。

很多家长喜欢一手包办孩子的人生，孩子的未来设立什么样的目标全都按照家长的意愿来安排。这样做很显然是不合适的，因为孩子才是目标的践行者和实现者。如果家长不顾孩子的真实想法，一味地粗暴干涉，那么孩子只会离你预设的目标越来越远。

在电视剧《以家人之名》里，齐明月的母亲就是一位强势的"独裁者"，她给女儿规划的人生路线是考上政法大学，做一名精英律师。但是对于母亲拍板的这条人生大道，齐明月心里有一万个不愿意。后来，齐明月为了当上她自己心心念念的记者，甚至在高考的时候铤而走险，故意少填了一张答题卡。

第二，孩子的目标要根据自身的实力去设定。

目标的高低要根据孩子自身的实力去设定。如果孩子平时学习成绩一般，那么就不要给他一下子设立一个"期末考试考个年级第一"的远大目标，这样孩子在短时间内根本达不到，而且在实现的过程中孩子会屡屡受挫，自信心也会被消磨殆尽，得不偿失。

另外，孩子的目标也不要设立得过低，否则孩子实现起来没有什么难度，孩子真正的水平也不能发挥出来，时间久了，孩子还会丧失奋斗的心气。

第三，帮助孩子细分目标。

1984 年，在东京国际马拉松邀请赛上，一向不起眼的日本选手山田本一竟然凭借着惊人的表现夺得了世界冠军。记者对此深感疑惑，他问山田本一成功的秘诀究竟是什么，而山田本一却故弄玄虚地说道："我用智慧战胜了对手。"那么究竟是什么样的智慧让山田本一获得如此殊荣呢？十年后，他的一本自传为大家解开了谜底。在自传中，他这样写道："每次比赛之前，我都要把比赛路线仔细看一遍，并把沿途比较醒目的标志画下来，比如第一个标志是银行，第二个标志是一棵大树，第三个标志是一座房子……这样一直到终点。比赛开始后我就以百米的速度奋力向第一个目标冲去，等到达第一个目标后，就又以同样的速度冲向第二个目标，这样一个目标一个目标地实现，直至到达终点。如果我直接以四十公里外为目标，我跑到几十公里时就疲惫不堪了，我被前面那段遥远的路程吓到了。"

山田本一的故事告诉我们：量化目标有利于更好地实现目标。如果孩子的目标设立得过于高远，不妨按照山田本一的思路解决，将它平均分解为几个阶段性的目标，这样孩子实现的难度就会大大降低。

总而言之，目标引领是激发孩子不断向前的最有效方法，孩子有了目标感之后才能进步得更快。作为家长，我们需要正确引导孩子制定目标，让孩子在确定努力的方向之后像雄鹰一样翱翔，从而找到并实现自己的人生价值。

鼓励孩子多些想象力

在展开探讨"想象力"这个话题之前，我们先来欣赏几首小诗。

"灯把黑夜，烫了一个洞。"——《灯》

"爸爸从凉席上起来，身上布满了凉席的花纹。很快那些花纹，又回到了凉席上，因为他们不愿流浪。"——《花纹》

"我打着手电筒散步，累了就拿它当拐杖，我拄着一束光。"——《光》

"我给在老家的奶奶打电话说，我现在正看月亮，你也看月亮，这样我们的目光就会在月亮上相遇了。"——《目光》

你知道吗？这样浪漫唯美的诗竟然出自一个 2007 年才出生的女孩之手，她的名字叫姜二嫚。这个小姑娘从 2 岁开始创作，至今创作的诗歌已有 1000 多首。她 11 岁时获得了"2018 年度中国十佳诗人"的称号，13岁出版个人诗集《姜二嫚的诗》。

姜二嫚的诗篇幅虽短，但意境却很美，每一首都透着一个孩童的天真与想象力。我们在品读之余，不得不感慨一句："小孩子天马行空的想象力竟然能散发出如此强大的魅力。"

想象力是孩子的一双翅膀，留住孩子的想象力比留住好成绩更重要。

拥有想象力的孩子能冲出狭窄的生活空间，去见识更为广阔的天地。另外，天马行空的想象力还可以帮助孩子打破常规思维的束缚，从而找到更好的解决问题的办法。

总之，想象力对孩子以后的成长和发展至关重要。但是在现实生活中，很多父母还没有认识到这一点，他们常常用所谓的"标准答案"来扼杀孩子的想象力。

悦悦是一个古灵精怪的小女孩，平时的她奇思妙想、金句频出，总是引得大人哈哈大笑，但到了写作业的时候，她的奇思妙想却频频招来妈妈的责骂。

有一天，悦悦正在做一道语文题，题目的内容大致是这样的："鸭梨 菠萝 鸭子 西瓜"站成一排，然后把站错队伍的那个找出来。按照妈妈的理解，很明显站错队伍的应该是"鸭子"，因为其他的东西都是水果，只有"鸭子"属于动物。但是悦悦可不这么想，她坚定地把"西瓜"挑了出来，妈妈问她为什么要这么做，她说："因为鸭梨、菠萝、鸭子都是黄色的，只有西瓜是绿色的。"

看到悦悦说得天花乱坠，但写出来的答案却离标准答案差着十万八千里，妈妈就气不打一处来。她觉得小孩子就喜欢异想天开，每次想的东西都很不靠谱，自己如果任由孩子胡乱思想，那么明天作业本上一定会出现一个刺眼的叉号。于是为了不被老师批评，她苦口婆心地按照自己的思路又给悦悦讲解了一遍，但不管她怎么说，悦悦都坚持己见、不为所动。后来，气急败坏的她直接把悦悦训斥了一顿，才算出了胸中的那口闷气。

在孩子的世界里，有的只是天马行空的联想和想象，他们没有大人世界里的标准答案，也不知道父母嘴里的规则到底是什么东西。如果父母非要用"标准答案"束缚孩子的头脑，那么孩子只会渐渐丧失思考的能力。

18世纪法国启蒙思想家、哲学家狄德罗说过："想象，这是一种特质。没有它，一个人既不能成为诗人，也不能成为哲学家、有思想的人、一个有理性的生物、一个真正的人。"聪明的父母懂得想象力的重要性，他们会极尽所能地创造条件，以此保护孩子的想象力，从而让孩子拥有"决定未来"的能力。

1968年，美国一位3岁女孩伊迪丝因为读了礼品盒上"OPEN"的第一个字母"O"，就引起了一场轰动世界的官司。伊迪丝的母亲将女儿所在的劳拉三世幼儿园告上了法庭，起诉的理由是这个幼儿园剥夺了伊迪丝的想象力。

这位母亲解释道："孩子在认识'O'之前，能把'O'说成太阳、足球、鸟蛋之类的圆形东西，但是自从劳拉三世幼儿园教她认识字母'O'之后，孩子就失去了这种能力。"鉴于劳拉三世幼儿园造成的严重后果，这位母亲要求他们赔偿伊迪丝精神伤残费1000万美元。

劳拉三世幼儿园成为被告之后，一度觉得这个女人简直疯了，这种小题大做的行为实在不可理喻。可出人意料的是，最后法庭竟然判伊迪丝的母亲胜诉。

这位母亲的做法虽然在很多人眼里是有点过度认真，但是她拼命捍卫孩子想象力的精神值得每个家长学习。孩子的想象力与他以后的创造力和思考力的发展有着密切的关联，身为家长，我们一定要想方设法保护好孩子的想象力。具体如何保护呢？下面是一些相关的方法和建议，大家可以参考一下。

第一，鼓励孩子自由探索。

孩子的内心是充满好奇的，他们在好奇心的驱使下会把面粉从橱柜里拖出来撒落一地，会把电脑笔记本扔到马桶里，会把奶粉罐里的奶粉全部倒出来然后装上沙子……总之，他们的破坏力堪比原子弹。

但是生气归生气，我们还不能全然阻止他的探索行为，在条件允许的情况下，父母需要尽可能地鼓励孩子去探索、去体验，否则孩子会慢慢失去那些新奇的想法，以及对事物的好奇心。

第二，多带孩子到大自然走走。

俗话说，巧妇难为无米之炊。孩子如果没有大量的原始形象，就很难在记忆库里提取加以想象。为了给孩子的想象打好基础，我们需要带着孩子多到大自然走一走，看看大自然的花鸟鱼虫，听一听自然界的美妙声音，多往孩子的记忆库里收集和储存素材。

第三，多向孩子提问题。

开放性的问题没有标准答案，家长可以采用开放性的问题引导孩子思考、激发孩子的想象力。比如，"哇，这个圆圆的东西好可爱啊，宝宝看看它像什么东西呢？""这个车子的轮子为什么是圆形的呢？"这些问题不仅能引起孩子的探索欲望，而且能很好地激发孩子的想象力。

最后，需要跟大家强调的是，孩子的想象力非常脆弱，需要家长细心呵护。另外，孩子的想象力会随着年龄的推移慢慢变弱，所以家长越早重视与行动越好。

自律的孩子才能拥有美好的人生

美国前总统西奥多·罗斯福说过："有一种品质可以使一个人在碌碌无为的平庸之辈中脱颖而出。这个品质不是天资，不是教育，也不是智商，而是自律。"换句话说，自律是影响一个孩子未来能力形成与发展的重要因素，更是其逆袭翻盘的重要砝码。

美国宾州大学的讲座教授塞利·格曼曾经和他的同事对八年级的学生做过一项调查研究，最后结果表明，比起"智商"，孩子的"自律"更能影响其学习成绩。

另外，自律除了对孩子的学习成绩有影响外，更重要的是对孩子以后的人际关系、抗压能力、人生成就等有相当大的影响力。

在 20 世纪六七十年代，斯坦福大学的心理学家 Walter Mischel 就通过一系列著名的"棉花糖"试验证明了这一点。

那时候，Walter Mischel 找来了几百个 4 岁大的孩子，然后分别在他们的面前放一块棉花糖，并且告知孩子们如果现在不立刻吃这块糖，过会儿还可以再得到一块糖作为奖励，如果吃掉就没有奖励了。

结果，有的孩子没过几秒就把糖吃掉了；有的孩子等了三五分钟，甚至十几分钟，也没有经受住眼前的这个诱惑；只有三分之一的孩子通过后退、踢桌子、闭眼睛的方式顺利地抵制了自己想吃的欲望。

14 年后，Walter Mischel 通过调查问卷了解到：当年那些自律能力更强的孩子的学习成绩比自律能力没那么强的孩子高出很多，而且前者的抗压能力、社交能力、社会地位也远远高于后者。

以上种种事例都告诉我们，只有自律的孩子才会拥有美好的人生。当一个孩子能够扛过无数个无人问津的孤独时刻，并且将努力变成生活的常态，那么幸运和奇迹便会不期而遇。

记得有段时间，几张清华学霸的作息时间表冲上热搜榜单。点开一看，密密麻麻的表内装满了各种学习任务和计划，从清晨 6 点到次日凌晨 1 点，所有的时间几乎都被安排得满满当当。

看到清华学霸如此高强度、高自律的学习计划，我们不禁感慨：自律和坚持才是孩子人生路上最大的一笔财富，而且孩子自律的程度真的能决定其人生的高度。

不过，并不是每一个孩子都能拥有这种品质。比如很多自律性不强的孩子一到假期就开始自由散漫、放飞自我，于是催起床、催写作业、催吃饭、催睡觉几乎成了家长每天必备的功课。

那么这些孩子在学习和生活中为什么会如此不自控呢？究其原因很有可能与家长的粗暴式管教有关。

张蕾是一个脾气暴躁且嗓门粗大的女人，每次监督孩子写作业的时候非打即骂。可即便她的儿子身处"高压"管控之下，依旧是一块油盐不进的"倔骨头"。张蕾望着儿子一塌糊涂的成绩和吊儿郎当的学习态度难过得声泪俱下："我也不想天天把自己变成面目可憎的模样去训斥他，可是如果不以强硬的姿态逼迫他学习，他长大之后肯定没什么出息呀！"

而她不知道的是，儿子经常背着她跟别人抱怨："我特别讨厌妈妈的大嗓门，我讨厌她拿着棍子逼我学习，更讨厌她说'你不好好背课文，就把你扔出去'。我觉得她根本不爱我，也不信任我。她越对我粗暴，我就越不想自觉学习。"

张蕾儿子的一番话值得我们每个人深思，从孩子的话中我们不难发现张蕾粗暴式的督促和威胁式的口吻激发了孩子抵触的情绪，孩子觉得尊严尽失，从而故意消极抵抗。

人们都说教育就是一棵树摇动另一棵树、一朵云推动另一朵云、一个灵魂唤醒另一个灵魂，而任何"以爱为名"的粗暴式教育都会让孩子失去自尊感、参与感、仪式感，进而扼杀孩子学习的主动性和自律性。

所以，聪明的家长从来不靠粗暴式的管教培养孩子的自控力，而是通过以下几种科学的引导方法的使用帮助孩子卸掉身上附着的惰性，重新帮孩子夺回对时间的控制权。

第一，让孩子遵守该有的原则和底线。

奇奇是独生子，从小在优渥的生活环境中长大，两三岁的时候妈妈就忍痛花 3000 多元给他添置了人生的第一件电子设备 iPad，美其名曰"为早教提供方便"。但是渐渐地，那个 iPad 早早沦为孩子在游戏世界肆意遨游的趁手工具。

妈妈见状心里略感不安，试图阻止，但一次次撕心裂肺的哭泣让心疼孙子的爷爷奶奶变成了孩子沉迷游戏的保护伞。如今，5 岁有余的奇奇走着、站着、坐着、躺着都活在游戏的世界里，对于老师布置的作业从不积极主动地完成。

而此刻的妈妈看着沉迷游戏、无法自拔的儿子痛心不已，她捶胸顿足地说道："早知如此，当初就不该没有原则、没有底线地惯着他。现在让他戒掉游戏、主动学习简直比登天还难呢！"

第二，父母应懂得淡化自己的指挥权。

在美国的芝加哥曾经有一个叫霍桑的工厂，在那里尽管各项制度完善、福利优越，但工人们依旧对现状很不满意，更加缺乏工作的内在驱动力。

后来哈佛大学的研究小组在该厂内挑选了十几个女工，进行了一系列的试验研究，结果惊奇地发现：这些工人的工作效率和他们所领的福利数目的升降并没有必然的联系，反而是被试验选中的荣誉感和关注度激发了她们更多工作的动力。

这就是著名的"霍桑效应"。"霍桑效应"告诉我们：积极关注、充分尊重比趾高气昂地指挥更有效率。

同样的道理，对于孩子而言，比起语气凌厉地说"你必须把这个卷子在半小时内写完"，他更想听你轻柔坚定地说："孩子，我相信以你的能力，一定能在半小时内完成这份卷子。"

第三，给孩子制造适宜的学习环境。

所谓学习环境并不只是一张桌子、一本书、一个本子、一支笔那么简单，孩子学习除了要求客观环境安静之外，主观环境也至关重要。

一场夫妻之间的斗气吵闹、一堆啰啰唆唆的叮嘱和唠叨、一次突如其来的端茶送水、一场无关学习的指责和怒骂都会扰乱孩子原本平静的学习心态，孩子学习的专注度和积极性都会大打折扣。

作为父母，一定要警惕这些情况的发生，更大程度地保护孩子的专注力、降低孩子自控的难度。

第四，父母应做好自律的榜样。

鲁道夫·斯坦纳曾在《童年的王国》中写道："孩子在 7 岁前实际上是一个观察者。在年幼的孩子心中，父母就是他们观察和模仿的对象，他们就是父母的一面镜子；父母懂得自律、自制和自尊，生活井然有序，孩子就会心领神会，并奉之为最高准则，最终通过模仿和学习成为和父母一样的人。"

著名童话大王郑渊洁的女儿在 18 岁的时候就以优异的成绩被美国六所名牌大学同时录取。而他的学霸女儿之所以如此优秀，和郑渊洁以身作则的教育方式密不可分。

郑渊洁一直以来有凌晨四点半起来写作的习惯，而且一写就是两小时以上。他这样的习惯雷打不动地坚持了很多年。而他的女儿在其自律精神的感染下自然也养成了主动学习的好习惯。

郑渊洁说："作为父亲，在女儿上中小学的 12 年间，我从来没有对女儿说过'你要努力'。我只对自己说，郑渊洁，你要努力。"

　　有人说，只有自律的父母才能教育出自律的孩子。郑渊洁用实际行动向我们证明了这句话的正确性。自律的前期是兴奋的，中期是痛苦的，后期是享受的！培养一个自律的孩子固然是一件不易的事情，但是为了让孩子的未来能够熠熠生辉，身为父母的我们此刻的以身作则和奋力托举都是值得的，因为教会孩子自律才是父母送给孩子最好的礼物。

思考力——强健孩子心灵的一柄利器

《世说新语》里记载了这样一个故事：有个男孩叫王戎，他非常聪明。有一次，王戎和其他小伙伴一起出去游玩，结果半路上看到一棵李子树，树枝上挂满了果实，密密麻麻的，把树枝都压弯了。众人见此情景都激动地跑过去摘李子了，只有王戎一个人站在那里不动。有人疑惑地问他："难道你不想吃到李子吗？"谁料王戎气定神闲地说道："李子树在郊外的路边，但是却没有人摘，这些李子一定是苦的。"众人摘来一尝，味道果然是苦的。

王戎的故事启发我们：一个孩子拥有独立的思考能力非常重要，它能使人简化生活，解决很多难题。那些能够理性思考的孩子在面对某个事物或者问题时能够不受外界的干扰，能够根据自己的经验和知识提出自己独立的看法和疑问，而不是做学舌的鹦鹉，人云亦云。另外，能够独立思考的孩子可以早早找到人生的目标和方向，并且依靠自身较强的解决问题的能力牢牢地把控自己的人生。

如今越来越多的家长意识到独立思考对于孩子的重要性，不过也有部分家长后知后觉，不经意间就扼杀了孩子独立思考的能力。

小茗和妈妈一起去商场购物，经过一家儿童玩具店时，一只红色的恐龙深深地吸引了小茗。小茗随即要求妈妈给他买下来，妈妈本来不愿意买，但后来禁不住小茗的殷切恳求，于是也只能无奈地应道："好吧，那你喜欢哪个呢？挑一个出来吧。"

　　听了妈妈的话，小茗高兴地从玩具堆中挑了一个他喜欢的红色的恐龙。可付完钱的妈妈看见小茗拿着红色的恐龙不禁皱了皱眉，她严肃地跟小茗说道："宝宝，咱们还是把那个蓝色的恐龙拿上吧，那个蓝色的更好看一点。再说男孩子就应该用蓝色，女孩才喜欢红色呢！"

　　小茗瞧了瞧妈妈推荐的蓝色恐龙，心里一点也喜欢不起来，于是他果断拒绝了妈妈的要求。可妈妈依旧不依不饶，厉声地对小茗喊道："你这孩子性子咋这么倔呢？妈妈都跟你说了，那个蓝色的更好看一点，你怎么就不听话呢？你再不把红色的放下，我可就不给你买了啊！"

　　最后，妈妈拿着蓝色的恐龙高兴地走出了商场的大门，只是小茗的眼神里写满了哀伤，再也找不到刚看见红色恐龙时的那种欣喜之感了。

　　上面这个案例反映了我们中国式家长教育的常态：一方面习惯性地问问孩子的意见，另一方面又放不下家长高高在上的"权威"，坚持以自己的思维为主，希望孩子无条件地服从自己。这样的做法其实已经扼杀了孩子独立思考的能力。孩子看见妈妈每次都强势做主，而自己又抗争不了，久而久之，也就不愿意说出自己心里真实的想法，更加不愿意独立思考了。

　　当孩子真正丧失独立思考的能力之后，你可能就会发现这样的糟糕情景：一道题讲了很多遍，大人的内心都崩溃了，可孩子还是蒙蒙的，不明白是怎么回事；遇到问题，孩子自己不想解决问题的办法，总是习惯性地问爸爸妈妈应该怎么办；孩子做选择的时候也是含含糊糊的，被问急了那就说一声"随便"。这些都是孩子不进行思考的表现。

让孩子拥有自己独立思考的头脑、帮助孩子打下一个良好的思考基础是每个家长义不容辞的责任。那么具体应该如何做以帮助孩子养成独立思考的习惯呢？可以参考下面几种做法。

第一，鼓励孩子多多思考。

在电影《银河补习班》里有这样一个情景：

儿子马飞被困在洪水里已经 3 天了，目之所及都是深不见底的洪水，死神随时有可能把他带走。正在绝望之际，马飞突然听到远处传来爸爸的呼声："马飞，我是爸爸，我不知道你能不能听见。如果能听见，看看你的周围有什么，想办法，动动你的脑子，想办法，你能出来。"

马飞听到爸爸的鼓励，心中又重新燃起了生的希望。他脑袋不停地思考合适的求生之道，最终利用身边的门板和床单制作了一个简易的小船，走出了眼前的绝境。

电影里爸爸马皓文有一句经典的台词："永远不要停止思考，永远不认输！"他经常用这句话教育自己的孩子。当然也正是因为有了爸爸的鼓励，儿子才有可能培养起独立思考的能力，而恰恰就是这个宝贵的能力成为儿子最后的救命稻草。

第二，多陪孩子玩一些益智游戏。

玩益智游戏是锻炼孩子思维能力的一个很好的方式。在日常生活中，家长可以多陪孩子玩积木、拼图、找不同等游戏。孩子在游戏的过程中，不仅锻炼手眼协调能力，还能培养思考能力。

第三，沟通交流的时候多引用条理性词语。

什么是条理性词语呢？通常来说，我们日常对话中最常用到的就是"首先、其次、最后""第一、第二、第三"。这些词语可以帮助孩子厘清自己思考的过程。比如："我们为什么要节约用水呢？首先节约用水可以……其次……最后……总之，节约用水好处多多。"这样引导，孩子的思路会变得更加清晰，思考的时候可以更加有条理。

伟大的物理学家爱因斯坦曾说过："学会独立思考和独立判断比获得知识更重要。"但思考是一件很辛苦的事情，优异的思维能力更是需要后天严格的培养和训练才能形成。所以，培养孩子独立思考的能力是一件任重道远的事情，家长一定要有足够的耐心和智慧，这样孩子才会有强大的思考力，从而保证孩子在未来激烈的竞争环境中不被淘汰。

耐心专注的孩子人生才有后劲

众所周知，齐白石先生在书画方面有很高的造诣，在业内也属于泰斗级别的人物。但是这位大宗师的艺术成就可不仅限于书画方面，其篆刻艺术也达到了出神入化的境界。

据说，齐白石年轻的时候很痴迷于篆刻，但是他对自己的篆刻技术并不满意。为了能让自己的技艺上一个台阶，他按照一个篆刻老艺人的指点挑回了一担拙石，然后一边刻一边磨，夜以继日地对照着那些古代篆刻艺术品找自己的不足。在这期间，他的手上磨出了无数的血泡，但仍然不肯放弃。最后，一担拙石在他日复一日的篆刻下硬是变成了一堆泥浆。

著名作家沈从文说过："有些路看起来很近，走去却很远，缺少耐心永远走不到头。"而齐白石先生正是凭借着顽强的毅力和数十年如一日的专注才完成了技艺的蜕变，走完了这条看起来很近实则很远的艺术之路，最后顺利叩开了成功的大门。

耐力和专注力是一个人成功的敲门砖。孩子需要具备始终如一的专注力和坚持不懈的耐力，只有有了这些宝贵的品质，孩子的人生才有种种决胜的可能。

2020 年 8 月 12 日，山东济宁一位 8 岁的小女孩赵雨辰因为写的一手如同印刷体般的字而上了微博热搜榜单。无独有偶，在此事发生的十几天之后，云南昆明的 9 岁女孩江凌仪也是因为同样的原因征服了万千网友。

很多网友看了这两位"人体打印机宝宝"的惊艳表现之后纷纷表示：人家孩子的字像刻的，自己孩子的字像鬼画符，想换孩子了。的确，这些笔笔到位、字字清新的字看上去令人赏心悦目，就连很多大人都自愧不如。那么这两位小姑娘年纪轻轻，笔力为何能修炼到如此高的境界呢？

采访中，江凌仪的话透露了其成功的秘诀："我练书法已经 3 年了，我每天要练 3 小时的字，其他小朋友都出去玩，我就在这里练字。"而赵雨辰的妈妈也透露：孩子从 7 岁就开始学习书法、练字，现在每天会练字半小时，学习成绩也不错，在班里成绩排名靠前。孩子写字的秘诀在于有耐心并注意观察。

的确，耐心和专注是做事成功的关键。这两位小女孩要练出这样印刷体般的字绝非一件易事，如果没有内心的专注，没有日复一日的坚持训练，很难达到如今的书写水平。换句话说，是她们的耐心和专注力为她们赢得了今日的赞誉和掌声。

不过对于很多孩子来说，要求他们像这两位小姑娘一样在很长一段时间内全身心地投入一件事情并不是一件容易的事情。在生活中我们常常会看到一些孩子"专注力匮乏"的症状：写作业不到三分钟就找各种借口，不是要喝水，就是要上厕所，要不就是吃东西；老师在讲台上讲课，他却在下面神游，而且时不时地还东张西望，搞一些小动作；一件事情还没有做完就又去干别的事情，而且还经常丢三落四，频频出错。

对这些现象，很多家长都会抱怨，甚至还会用"干啥啥不行，吃啥啥不剩"这样的狠话来全盘否定自己的孩子。这样的做法除了会严重打击孩子的自尊心之外起不到任何作用。

其实，从心理学的角度来分析，孩子做事三分钟热度真的不能怪孩子。

作家久世浩司在《复原力》一书中曾这样写道："我们的大脑中有一个基于多巴胺活动的激励回路，每个人的多巴胺受体数量天生不同，拥有较多多巴胺受体的人更容易坚持。"

除了受多巴胺的影响之外，没有时间观念也是很多孩子专注力差的一大原因。教育专家李玫瑾在提到孩子自我管理的问题时曾表示："明天和长大对于孩子来说是没有形象的，是抽象的，他很难理解明天的形象。"所以如果你现在跟他说"今天不耐心学习，长大以后就没出息"之类的话，他的内心一定毫无波澜，更加不知道现在专注学习对他的将来意味着什么。

最后，家长的过度期望和催促也会让孩子失去耐性。孩子是一个独立的个体，他有思想、有自己做事的节奏，如果家长对孩子有过高的期待，并且不停地用言语催促，那么势必会消减孩子做事的耐心和兴趣。

内心的专注度是衡量一个孩子学习能力的重要标准之一，也是决定其未来人生能否成功的关键因素之一。作为家长，我们有必要通过以下几个方面内容培养孩子的耐力和专注度。

第一，引导孩子多玩培养专注力的游戏。

法国生物学家乔治·居维叶说："天才，首先是注意力。"如果一个孩子的专注力不强、注意力难以集中，那么很显然他是没有耐心完成某一件事情的。

对此，家长可以采取游戏的方式培养其专注力。比如：

夹豆子：在小碗里装一些豆子，让孩子拿着筷子或者夹子把豆子夹到另外一个碗里。注意豆子不宜过多，否则会挫伤孩子的积极性。

拼图游戏：根据孩子的年龄大小给其选择数量合适的拼图，对于图案可选择孩子熟悉的内容。

找漏洞：把每组四位数字读两遍，第一遍完整读出，第二遍漏掉一个数字，让孩子找出漏掉的数字。

……

在游戏时，家长尽量为孩子创造安静的环境，不要让其他干扰因素打断孩子，更不要轻易给孩子提示和帮助。

第二，尝试使用三分钟耐心训练法。

在《美国家庭的卡尔·威特教育》一书中有这样一个睿智的父亲：为了让缺乏耐性的孩子懂得坚持，他拿出一个沙漏，以沙漏为计时器，约定和孩子一起看三分钟的故事书，等沙子全部漏下去，三分钟一到孩子就可以出去玩。刚开始，孩子玩性十足，时间一到就跑出去了。可这位父亲并没有就此放弃，依旧坚持。后来，孩子的注意力逐渐被书里的故事吸引，入神的时候还想继续听下去。不过父亲依旧遵守着这个三分钟约定，时间一到便不再讲了。而孩子为了早点知道故事的情节，主动拿起书阅读起来。这位父亲循序渐进的训练方法既培养了孩子良好的读书习惯，又在无形中培养了其耐心。

第三，引导孩子克制诱惑。

李玫瑾教授在提到如何培养孩子耐心的时候曾给过这样的建议：每三天给孩子一份他喜欢吃的东西。等坚持一段时间，形成习惯后，可以跟孩子商量，能不能先不吃，保留三天，三天之后再给孩子加三份。但如果孩子吃掉了，三天以后就没有了。通过这样的考验可以让孩子明白保持对目标的专注，以及耐心地等待可以帮助自己获取更大的满足。

第四，家长做好榜样。

在《少年说5》里有一个学生曾经这样吐槽自己微胖的妈妈："在她减肥的那一天，她会知道不吃这个、不吃那个，但过了那两天，她就放开肚皮吃了。""自己想吃的菜可以吃、不会胖，不想吃的菜不吃，用这种减肥的思路来麻痹自己。"

最后那个学生感慨地说道："学习不是三分钟热度，减肥也不是。我希望你成为一个自律、坚持、不轻易放弃的人，就像你天天监督我学习那样，坚持减肥做我的榜样。"话说完，妈妈陷入深思。

是啊，轻言放弃的家长是教不出一个专注力强的孩子的，作为家长，若想让孩子变得有耐心，首先自己就不要轻易放弃。

古语有云："九层之台，起于累土；千里之行，始于足下。""山重水复疑无路，柳暗花明又一村。"这些话无不彰显着专注和坚持的力量。

孩子的人生就像一场马拉松，大家要想在人生的赛道上不落后，除了智商和情商的加持，更离不开坚持不懈的努力以及始终如一的专注。孩子只有拥有这些可贵的品质，才能体会到成功的幸福和喜悦。

兴趣——唤醒孩子内心驱动力

一个礼拜天的上午，7岁的皓皓被妈妈劈头盖脸地臭骂了一顿，提及原因，其实很简单，那就是他对学习一点兴趣都没有。

"臭小子，一天到晚，不是看手机，就是玩电脑，书本碰都不碰一下，满脑子都是游戏和动画片。这样下去，你能有什么出息啊？让你看会儿书，半个小时能上十几次厕所；让你出去活动活动，你非得瘫在沙发上发呆；让你和隔壁的小伙伴玩会儿，你非说自己困了要睡觉。你这样对什么都提不起精神来，真是急死我了。明天把你赶到大街上，出去捡垃圾去吧！"妈妈气得机关枪似的上来就是一通发泄。

其实，对于皓皓妈妈的苦恼很多家长都深有体会。有些孩子就是对书本知识不感兴趣，而且做什么事情都提不起精神来，很多时候都处在家长"踢一脚，走一步"的消极状态当中。这样不积极不主动的孩子很难在学业上取得成功，长大后，即便进入社会，也会因为缺乏目标而变得碌碌无为、一事无成。对此，家长们表示非常担忧。

其实孩子缺乏内驱力，很大一部分是因为他没有培养起自己的兴趣爱好。《论语》有云："知之者不如好知者，好知者不如乐知者。"孩子只有对某件事物产生兴趣，很乐意去做这件事，他才会主动地关注、学习、探索。当然，也只有兴趣加持，他才愿意废寝忘食地挤出时间来主动钻研，从而达到高效学习的效果。换句话说，孩子只有有了这个学习的动力和源泉，他才能日积月累，在某个领域创造出惊人的成绩。

斯宾塞的儿子小时候对花园里的蚂蚁特别感兴趣，看着蚂蚁把一粒一粒的面包碎屑搬回家，他觉得有趣极了。在兴趣的加持下，他还欣然接受了父亲制订的一份关于蚂蚁的研究计划：

在"自然笔记"里开设蚂蚁的专页部分；

从书本上更多地了解蚂蚁，并做上笔记；

需写上蚂蚁的生理特点：吃什么？用什么走路？用什么工作？

还要写上蚂蚁群的生存特点：蚂蚁群有没有王？怎样分工？怎样培育小蚂蚁？

领到这个任务后，小斯宾塞对蚂蚁的兴趣更加浓厚了，他一边趴在地上观察总结，一边查阅资料，最后用一个夏天的时间成功完成了这个研究项目。

常言说："兴趣是最好的老师。"没有了兴趣，孩子便失去了学习和求知最大的动力。那么作为家长，我们应该如何让兴趣引领孩子学习呢？以下是几点具体的建议。

第一，充分利用孩子的好奇心。

每个孩子内心都潜藏着好奇，家长可以利用这点来激发孩子的学习兴趣。比如，孩子在小河边玩水的时候，你可以问他："为什么这个河水从西往东流，而不是从东往西流呢？"再比如，在寒冷的冬天带着孩子外出的时候，你可以问问孩子："为什么我们夏天呼出的气看不见，而冬天呼出的气就可以看见呢？"这些问题可以很好地激发孩子的好奇心，孩子为了满足自己的好奇心自然会深入研究，而在研究的过程中，孩子自然而然地就会对知识产生浓厚的兴趣。

第二，尊重孩子的内心。

如今市面上的兴趣班五花八门，很多家长在不知不觉中就被营销人员洗了脑，觉得这个也好，那个也好，于是给孩子报一堆的兴趣班，唯独没有考虑孩子的内心需求。这样的做法其实是非常错误的，假如孩子对画画感兴趣，你却非给他报了一个乐器兴趣培训班，那么他能心甘情愿地坐在教室里学习吗？

第三，帮助孩子坚持下来。

很多孩子做事三分钟热度，今天还对音乐感兴趣，明天就觉得它很无聊。格拉德·威尔的《异类》一书中提出1万小时定律："要想在某一方面达到顶尖高手的水平，必须要重复练习1万小时。"所以，我们需要帮助孩子戒掉"三分钟热度"，逼迫孩子将热爱和兴趣保持进行到底。

最后，想提醒大家的是，家长一定要放弃"兴趣无用论"这个观点，孩子的兴趣爱好不管有没有潜在变现价值，都不要阻碍他继续将其发展下去，有的时候"无用"的兴趣也会给孩子后续的发展带来源源不断的益处。当年苹果教父乔布斯大学辍学后去社区学了书法，这个看似不着调的兴趣后来为乔布斯设计苹果产品时增加了很多灵感。

简单几招帮助孩子摆脱依赖心理

鹏鹏是一个年满 6 岁的小男孩，但是他的独立性却很差。每天晚上睡觉，他都要妈妈抱着才能入睡。而且第二天早上起来还要妈妈给他穿衣服、挤牙膏、系鞋带；有的时候，看手机入了迷，他还会撒娇地要妈妈喂饭。另外，鹏鹏除了生活自理能力差之外，遇事也没有主见，一离开妈妈的指导，他就手足无措，拿不定主意。

鹏鹏的种种行为皆是依赖心理支配下的典型表现。这种依赖性强的孩子不管是行为上还是心理上都不够独立。这个时候，家长应该反思，究竟是什么原因让孩子如此依赖大人。一般来说，造成孩子依赖心理强的原因有以下两点。

第一，孩子缺少陪伴，内心没有安全感。

有些父母由于工作的原因，不得不把孩子寄养在老人家里。年幼的孩子失去父母的陪伴，心里自然没有安全感。所以，他们对父母有深深的情感依赖，总想时时刻刻黏着父母。

第二，父母溺爱。

《新闻夜总汇》里介绍过这样一则令人震惊的事例：河南罗山县一位叫杨锁的小伙被活活饿死在家中。为什么会发生这样的人间惨剧呢？究其原因，竟然是归于一个字：懒！

据同村的村民介绍，杨锁是从小被父母娇惯着养大的。他的父母从来舍不得儿子吃一点点苦、受一点点累。杨锁8岁出门的时候，还是父母用担子挑着；他不做作业，老师批评了一下，父母就找到学校去跟老师理论。随着年龄的增长，杨锁也想尝试着干点活儿，但是父母却严加阻拦，让其一边玩去。

由于父母的溺爱和娇惯，杨锁成了依赖父母的寄生虫。十几年后，杨锁的父母因为病痛相继离世，而"巨婴"杨锁也因为自己的懒惰被活活饿死。

英国小说家洛克·W.J.说过："越早把你的儿子当成男人，他就越早成为男人。"如果你一辈子把孩子当孩子，替他扛起所有的一切，那么势必会让他失去独立生活的能力。而一个从小没有独立生活能力的孩子，你又怎么能奢望他突然一下子扛起整个世界呢？

所以，给足孩子成长和磨炼的空间，让他获取在社会丛林里立足的能力才是父母疼爱孩子最正确的方式，否则你替孩子走的路最后都会成为他的坑。教育家马卡·连柯也说过："一切都让给孩子，为了他牺牲一切，甚至牺牲自己的幸福。这是父母送给孩子的最可怕的礼物。"为了避免日后杨锁式的悲剧再次上演，家长朋友们可以从以下几个维度内容着手培养孩子独立生存的能力。

第一，提高认知，给孩子成长的机会。

很多父母在育儿的过程中缺乏耐心，看到孩子在初学时期表现得笨手笨脚，就觉得浪费时间，还不如自己干脆利落地代他完成。但是这样的代劳却扼杀了孩子学习的机会，无疑是不可取的。

家长朋友们只有认识到这一点，并且明白孩子的成长需要一个漫长的过程，才能为孩子能力的培养创造基本的可能。

第二，通过讲故事的方式提高孩子自我服务的意识。

孩子生来就是一张白纸，他自小在脑袋里没有建立"自己的事情自己做"的认知。家长朋友们要想激发孩子的劳动意识，让他产生自我服务的兴趣，不妨通过故事法加以引导。不管是给他读绘本也好，讲名人逸事也罢，都有利于孩子养成良好的劳动习惯。

第三，尊重孩子内心的意愿。

针对亲子教育的问题，美国著名教育家艾里姆夫曾经提出这样的建议："父母要倾听孩子的'真实意图'，让孩子根据自己的'内部指导系统'自由发展，而不是让别人的意见指挥他的人生。"

家长如果能尊重孩子独立的意识，并且按照孩子成长的规律给予他一定的自由，那么就能有利于培养孩子的独立性。

第四，及时发现并鼓励孩子每一个进步的瞬间。

如果你的孩子发现自己的袜子脏了，主动脱下去洗，那么你一定要及时给他夸奖；如果吃饭后你的孩子主动帮你收拾碗筷，那么此时正是表扬他最合适的时机；如果你的孩子把衣服叠得整整齐齐，那么也一定要给予他真诚的赞美。

这样的鼓励和赞美听多了，孩子就有了更多行动的动力，久而久之，就会养成良好的独立生活的习惯。

用积极的心理暗示成就孩子

以前看过这样一个有趣的心理学试验：在一家饭馆里，客人正在津津有味地吃着晚餐。突然一个厨师神色慌张地冲到了餐厅里面，他紧张兮兮地说道："我可能把毒药误投到饭菜里面了。"此言一出，顿时餐馆里人心惶惶，大家马上感觉自己的身体有了不适感，有人觉得肚子有剧烈的痛感，有人开始恶心、呕吐起来。

这时，试验人员马上把真相告诉了大家，神奇的是，之前客人们那些不适的感觉竟然都消失了。

从这个试验当中我们就可以看出，消极的心理暗示对人有很强的威慑力，它可以把一个健康指数高的人瞬间折磨成一个"病人"。在亲子教育的过程中，大家一定不要用这些消极暗示腐蚀孩子的心灵、打击孩子的自信，从而让他变成一个情绪低落、自卑且自弃的人。父母正确的做法是采用积极的暗示培养孩子良好的性格、习惯、品质，以此帮助孩子健康茁壮地成长。

20 世纪的美国有这样一个小男孩，他看起来傻傻笨笨的，而且还经常在课堂上提一些无关紧要的问题，老师经常因为这些原因批评他。

后来，有一天，老师交给了他一张纸条，让他回家转给母亲，并且还特意嘱咐他，这张纸条只有他的母亲才能打开来看。然而，当母亲看到这张纸条的时候，却忍不住落泪了。男孩疑惑地看向母亲，母亲用颤抖的声音告诉儿子："孩子，老师说你是个天才，那个学校太小了，没有好老师可以教你了，所以，他们建议我亲自教导你。"

男孩听了母亲的话备受鼓舞，此后，他一直刻苦努力，最终因为发明电灯而一举成名。

说到这儿，想必大家已经知道这个男孩的名字了。是的，他就是举世闻名的科学家爱迪生。过了很多年以后，他的母亲去世了。有一次，他收拾东西的时候无意间看到了那张老师写给母亲的纸条，他好奇地翻开了它，一瞬间，一行感动的泪水涌上了爱迪生的脸庞。原来纸条上是这样写的："你的孩子精神有缺陷，我们决定不让他继续就读，他被正式退学了。"

后来，爱迪生在日记本上心怀感激地写道："爱迪生是一个精神有缺陷的小孩，但是他的母亲把他变成了世纪天才。"

积极的心理暗示能充分调动孩子的内在潜力，让孩子发挥出最大能力。爱迪生的妈妈就是用这样积极的心理暗示成就了一个科学界巨匠的诞生。

了解了积极暗示对于孩子的巨大影响之后，我们就要在以后的亲子教育中多用积极的语言跟孩子沟通，以此鼓励孩子朝着理想的方向发展。以下是积极暗示的几个方法，家长不妨从中借鉴一二。

第一，父母要给孩子树立好的典范。

父母是孩子的天然榜样，父母的一言一行会为孩子提供示范和做事的标准。如果父母平时能用良好的言行举止给孩子一个正面的暗示，那么孩子也会有模有样地加以效仿。比如，到了公园游玩，父母随手把垃圾扔到垃圾箱里，那么孩子肯定也不会随地乱扔杂物；到了图书馆，父母能做到轻手轻脚、不大声喧哗，那么孩子肯定也不好意思在这样静谧的场合乱动扰人、大声讲话；乘坐公交，如果父母能主动地为老人让座，那么下次孩子看到需要帮助的老人肯定也不会视而不见。

第二，多用积极的话鼓励孩子。

每一个孩子都喜欢受到别人的夸奖和肯定，而不愿听到别人的批评和否定。基于孩子的这一心理特征，家长可以这样鼓励孩子："宝宝真厉害，都能主动帮妈妈倒垃圾了，妈妈真的好高兴啊！""宝宝今天表现不错，都会自己整理床铺了，而且整理得比妈妈还好呢！"孩子听到这样舒心的话一定会再接再厉，表现得更加出色。

第三，必要的肢体神态和动作都不能少。

父母的神态和动作也能传递一定的信息。比如，当你想夸奖一个孩子的时候，你可以竖起大拇指，然后给他一个赞赏的微笑；当孩子紧张的时候，你可以拉拉他的手，给他一个爱的拥抱；当孩子失败沮丧时，你可以拍一拍他的肩膀，然后用坚定的语气告诉他："这没什么，爸爸（妈妈）一直都陪着你呢，下次你一定能表现得更好。"

这些语气、神态、动作、表情都可以让孩子感受到你对他的关爱、肯定以及欣赏等，而孩子接受了这些正能量的东西自然会变得更加勇敢、自信和坚强。

以上就是积极暗示的几个方法，不过大家在使用的时候一定要走心，那些鼓励和肯定的话一定要发自自己的内心，而不能说一些违心的话，做一些表面的功夫，否则孩子无法从你不自然的神情中汲取力量。

帮孩子卸下心理包袱

2021年8月22日，《冀看点》的抖音账号上发布了这样一个令人伤感的短视频内容：浙江温州一名十几岁的少年站在楼顶的边缘，伤心地痛哭着。幸运的是消防员及时赶到，将孩子从危险的边缘及时拉了回来。后来，人们才得知孩子是因为中考成绩不理想，受到家人的责难。"我家里人都说我不行。"孩子的一句话道出了他内心的酸楚和委屈，从中我们也可以看到孩子身上的压力确实很大。

随着社会的进步，我们已经迈入了知识大爆炸的时代，这时孩子要学习的内容也越来越多，身上的学习任务也明显加重，随之而来的精神压力和心理负担也在逐年增加。

另外，孩子的心智尚未完全成熟，因此他们的心灵更敏感脆弱，尤其是迈入青春期的孩子，当他们面对困难挫折或者意外事件时，内心更是恐慌不安、愁苦万分。

当他们背着大大的心理包袱负重前行时，受影响的不仅仅是孩子的学习成绩，而且还有孩子的心理健康，以及生命安全。

身为父母，我们需要根据孩子压力的来源给予他们及时的情绪疏导，以此帮助他们快乐前行。

第一，针对家人的压力的对策。

有些父母自己能力平平，却总是希望孩子能出人头地。当孩子满足不了父母过高的期望时内心便背负上了一种沉重的压力。2019 年 10 月 10 日，《梨视频》上传的一则"9 岁孩子因父母期望高而患上了抑郁症"的新闻登上了网络的热搜榜单。而负责治疗该孩子的主治医生表示：每年他们接诊的患儿多达 3000 多人，其中最小的孩子只有 9 岁。而在这些儿童中，患抑郁症的孩子大多数是由于受父母的高期待压迫而发病的。

所以，要是想帮助此类孩子卸下心理负担，首先父母要放平心态，不要给孩子太多苛刻的要求，毕竟能成为人中龙凤的孩子在生活中也是屈指可数的。

第二，针对学校和老师的压力的对策。

一般来说，学校和老师给孩子施压大部分的目的是提升孩子的学习成绩。如果施压力度在孩子正常的心理承受范围之内，那么家长可以引导孩子将压力转化为动力，鼓励孩子努力学习，以此向老师证明自己并不比别的孩子差。如果学校和老师过分施压，已经严重影响到孩子的身心健康，那么家长就好好跟老师沟通沟通，让老师重新调整教学策略，以此减轻孩子的心理负担。

第三，针对同学的压力的对策。

有时孩子的成绩不理想会遭到同学的嘲笑、打压和讥讽；有时因为一些矛盾和分歧，孩子会与同学的关系僵化；有时因为社交障碍，孩子会被同学孤立等。这些情况都会增加孩子的心理负担。对此，家长要根据实际情况给予孩子正确的引导。另外，家长还可以给孩子传授一些社交技巧和相处之道，以此帮助孩子尽快走出困境。

第四，针对孩子自身的压力的对策。

有的时候孩子会因为一些性格缺陷，内心充满了愤怒；有的时候孩子会因为能力的缺失，陷入深深的焦虑；有的时候孩子会因为无法适应环境，感到非常恐慌……关于此类的心理负担，家长应该积极引导，帮助他树立自信心，当孩子变得信心十足时，很多负面情绪自然会消散殆尽。另外，当孩子的心理负担比较重的时候，家长还可以采用转移注意力的方法，淡化孩子的痛苦。当然，鼓励孩子勇敢吐露自己的内心也是一个不错的方法，等到孩子宣泄完了，他的心理负担也会减轻一些。

最后，不和谐的家庭氛围也会增加孩子的心理负担。所以，家长还要维护好夫妻之间的关系，以免因为彼此的矛盾引发不必要的家庭战争，从而伤及孩子无辜的心灵。

第五章
自练内功，成为教练式父母的
几个核心能力

学会正确爱孩子是教育的前提

俗话说："严父出孝子，慈母多败儿。"身为父母，一定要时刻保有理智的头脑，学会正确地爱孩子。反之，如果父母没有解锁正确爱孩子的方式，那么很有可能毁掉孩子的一生。

有一个曾发生在 2016 年的冰柜藏尸案。凶手朱某东因为一些琐事和妻子发生口角，后将其残忍杀害，最后将妻子的尸体放进冰柜之内。处理完现场之后，他隐瞒不报，并且伪造了聊天记录，佯装妻子还活着。最可恨的是他还透支了妻子信用卡里的数十万块钱，独自到各地旅游挥霍。

朱某东的残忍和无耻行径简直令人发指。然而面对儿子的一系列恶行，朱某东的母亲竟然在采访中大言不惭地说道，自己的儿子是无意的，因为冲动一时失了手，他还是个孩子，没经历过什么事情，不报警是因为害怕，不知道该怎么办！然而她的孩子真的是失手杀人那么简单吗？媒体报道，朱某东曾经在杀妻的一个月前就从网上买了一本书，里面详细地介绍了冰箱存尸的细节。

纵观事情的整个经过，我们不难看出朱晓东的恶是深入骨髓的，他没有任何道德底线，这件事并非过失杀人那么简单，作为儿子的亲生母亲难道不了解这些吗？不，她太了解了，但是为了袒护自己的儿子，于是极力给大家营造一种"我儿只是一时冲动，其实也是无辜者"的假象。

当然，从这位母亲不负责任的言行中也不难推测，朱某东的恶有源可查。时至今日，朱某东被判死刑，其实也是上天对于这位没有正确爱孩子的母亲最大的惩罚。

有人说，教育孩子是一门很大的学问，也是一门值得每个父母不断追求的艺术。在参悟这门艺术的同时，很多家长都很难拿捏好爱孩子的分寸。那么要想成为合格的父母，应该怎么样爱孩子呢？怎样才算正确呢？

第一，关键时候父母需要有点"狠"劲。

古语有云：父母之爱子，为之计深远。眼光短浅的父母只计较眼前的利益得失，只懂得袒护自己孩子的过失，一步步地成为孩子犯错的推手。而有远见的父母则懂得很好地把控爱的尺度，关键时刻能狠下心，让孩子在错误里获得一次成长的契机。

20世纪20年代的美国，一个十几岁的小男孩因为贪玩不小心把邻居家的玻璃砸烂了，之后邻居找他赔偿13美元。这样的赔偿金对家境并不殷实的小男孩一家来说无疑是一笔巨资。

但困难归困难，做错事情总是要赔的。身无分文的小男孩找到了父亲，求他帮忙。父亲虽然答应帮忙凑钱，但是却有一个重要的前提条件：这笔赔偿款只是父亲借给小男孩的，一年之内小男孩必须通过自己的努力把钱还清。

父亲的"绝情"让小男孩不得不在接下来的日子里四处打工挣钱。之后的半年里，小男孩辛苦劳作，终于还清了那笔债务。而这位被父亲逼出责任感的男孩后来也大有建树，成为美国第40任总统。说到这里，大家也许知道了，这个小男孩就是美国政治家里根。

美国教育家珍妮·艾里姆说："孩子身上存在缺点并不可怕，可怕的是，作为孩子人生领路人的父母缺乏正确的家教观念和教子方法。"所以作为家长，要想养出一个有出息的孩子，首先要端正自己的态度，把握好爱的尺寸，该狠心的时候狠一下心，这样才能保证不会让溺爱毁了孩子的一生。

第二，不要用一种错误惩罚另外一种错误。

记得之前在《千里眼》上看过这样一个视频：一个二年级的男孩上学的时候摸了一下女孩的屁股。作为惩罚，她的妈妈竟然要求他脱了衣服，只留下小裤衩，当街扎马步。而此时受罚的孩子就像小丑一样被路人围观，非常尴尬！尽管妈妈这样做的目的也是让孩子学会尊重别人，但不得不说用一种错误惩罚另外一种错误本身也是一种错误。这样的做法虽然是站在溺爱和包庇的对立面，但是又过于极端，并没有较好地让孩子学会在错误中成长，所以这样的做法也不可取。

那么面对犯错的孩子，什么样的做法才可取呢？我想法国教育家卢梭提出的"自然惩罚法则"就很值得大家借鉴。何为自然惩罚法则呢？其实就是让孩子承担自己不负责任的行为产生的不良后果。

如果孩子拖拖拉拉、没有完成课后作业，那么家长也不用急着帮他想办法，至于老师会如何处罚，让孩子自己承受。

如果孩子爱睡懒觉，家长也没必要一次次地催，顺其自然，让他体会一次因为迟到而导致的被罚站或者值日。

如果孩子因为大意误了校车，那么家长也不必接送，让孩子背着书包徒步走上几公里的路，体会一下不用心的后果（当然，徒步惩罚需要在家长陪同的前提下进行）。

总之，每一个父母对于孩子的爱都应该有分寸。

教练式父母的基本标准——尊重孩子

一天，有位美国富豪在路边散步，走着走着，他看到一位摆摊卖旧书的年轻人正在寒风中啃着发了霉的食物。看着眼前这位衣衫褴褛、骨瘦如柴的年轻人处境如此艰难，富豪的心里不由得生出了怜悯之情，于是他赶紧从口袋里掏出8美元递给了年轻人，然后急匆匆地走开了。可是没走多久，他又觉得自己这样做似乎没有真正尊重那位年轻人，沉思片刻后，他又折返回来了。

回来之后，他从书摊上挑了两本便宜的书，然后跟年轻人解释道："对不起，我刚刚付钱之后忘记把书拿走了。其实，您和我一样都是商人。"

两年后，富豪受邀参加了一个慈善募捐会。在会上，一位西装革履的年轻人笑意盈盈地朝他走来，一边跟他握了握手，一边感激地说道："先生，也许您早就不记得我了，但是我还牢牢地记着您。以前我一直靠摆摊乞讨为生，后来您跟我说，其实我和您一样都是商人，至此，我觉得自己找回了久违的自尊和自信，于是发愤图强，才有了今天的成就……"

这个震撼心灵的故事向我们彰显了尊重的力量。哲学家威廉·詹姆斯说过："潜藏在人们内心深处的最深层次的动力，是想被人承认、想受人尊重的欲望，渴望受人喜欢、受人尊敬、受人崇拜，这是人类天生的本性。"而这种本性一旦被满足，就会激发出无穷的动力和自信。这就是尊重所带来的好的结果。作为父母，我们也不能忽视尊重给孩子成长带来的积极意义。如果我们能够发自内心地尊重孩子的人格，尊重孩子的想法，尊重孩子的兴趣爱好等，那么他的内心就会充满自信和希望，并且能积极地奋发向上。反之，如果我们不尊重孩子，不把他当成一个脱离于父母的个体，那么孩子的心灵就会受到很深的伤害，从而无法健康茁壮地成长。

在电视剧《小舍得》里有这样一个令人心疼的角色，他的名字叫颜子悠。原本的子悠乖巧、懂事、听话、刻苦，而且学习成绩还是数一数二的好。这样标标准准的好孩子如果放在普通家庭，那父母做梦都要笑醒。可是他的妈妈田雨岚就是不满足，她把子悠的分数和名次看得比天还大，为了让子悠冲刺翰林中学，她强迫子悠中断了他喜欢做的事情，比如踢足球、研究生物。

最可气的是子悠在金牌班被钟老师辱骂："什么脑子啊，里面什么东西，木头啊，木头我都教会了呀。我告诉你，我是不是每天都要在你身上浪费时间啊，我今天浪费五分钟，全班加起来，九个人四十五分钟，全被你浪费。我告诉你，下次再这样，回去跟你妈说，下次别来上课了啊。你笨就笨嘛……"这样伤自尊的话一遍遍地击打着子悠的心，田雨岚知道了却无动于衷，因为在她看来，孩子只要能出成绩，老师骂一骂也没有关系，孩子的自尊和快乐远远比不上分数和名次重要。

最后，在田雨岚的步步紧逼之下，子悠终于"疯了"，精神高度紧张的他一上考场就开始发烧，而且还撕毁了考试卷子，更严重的是，他还精神分裂出一个"大龙"。终于，在精神治疗室里，田雨岚流下了悔恨的泪水。

著名教育专家麦道卫说："一旦孩子没有感到你认同了他们的感受，他们的心里就开始设防，不再愿意和你多说什么了，以免言多必失，再遭受更多的数落。一旦没有被心目中重要的人接纳，孩子便会拒绝接纳自己，而这就是扭曲的自我形象和自卑感的症结所在。"颜子悠的糟糕结局给所有的父母敲响了警钟：孩子不是父母的"私人物品"，如果你不尊重孩子的感受，一味强行左右他的人生，那么终将付出惨痛的代价。

学会尊重孩子是一个合格家长的基本素养。那么具体落到实际行动中，我们应该如何做呢？以下是几点实用的建议。

第一，不拿孩子撒气。

有些父母一旦感情不和睦或者在外面受了气，就会把最丑恶最凶狠的一面展露给孩子。但孩子也是一个活生生的人啊，他有呼吸，有思想，会难过，会伤心。在此过程中，弱小的他没有反抗的能力，只能逆来顺受，心惊胆战地接受这一切。而且，如果长此以往，孩子的心理也会变得扭曲。这种伤害对无辜的孩子来说何其残忍！

第二，对孩子有同理心。

一天，孔子和子路驾车去泰山游玩。中途有一个小孩子拿着泥巴建了一座"城池"，挡住了他们的去路。子路看着这个不知轻重的小孩子心里有些生气，但小孩却理直气壮地反问他们："你是要城池让马车呢，还是马车绕过城池前进？"

孔子听了小孩的话随即向他道了声歉，然后让子路驾着马车绕开了那座"城池"。

对一个孩子最大的尊重就是懂得共情他的感受。孔子明白小孩建造"城池"已经花费了不少的心血，所以才不忍直行让孩子的心血付诸东流。孔子这样的尊重行为值得我们每位父母学习。

第三，给孩子自由选择的空间。

孩子从两岁开始就有了强烈的自我意识。吃饭的时候选择哪种食物，玩耍的时候选择哪种玩具，孩子的心里已经有数了。这个时候如果父母不给孩子保留选择的空间，而是一味地操控孩子的行为，那么会引起孩子的习得性无助。我们只有把适当的选择权交给孩子，才能算是对孩子权利的尊重。

第四，允许孩子说出自己的看法。

尊重孩子还包括尊重其表达意见的权利。在任何情况下，孩子都有表达自我想法的权利，这一点不容家长置疑。孩子在表达自我需求的过程中不仅锻炼了自己的思维能力和语言表达能力，而且提升了解决问题的能力。

最后，大家需要注意的是，尊重孩子并不意味着要纵容孩子，这是两个不同的概念，大家在亲子教育的过程中一定要把握好尺度。

情绪稳定是父母的必修课

2019 年 3 月的一天，一则"男孩考试未超过 95 分，被妈妈扔在高速"的消息登上了微博的热搜榜单。

据相关的视频介绍，男孩当时的考试成绩很不理想，他的妈妈得知这个消息之后顿时火冒三丈，在高速路的入口处把孩子狠狠地打骂了一通。还不解气，后来她又把孩子独自一人扔在了高速路口，自己驾车回了家。

后来，路过的好心人发现了男孩，并打电话报了警。可当警察打通电话批评教育这位妈妈时，余怒未消的她竟然说，自己就算坐牢也不会要这个孩子。

很多网友看到这位母亲不负责任的行径后纷纷表示"她不配做一位母亲"。情绪稳定是为人父母最基本的素养，如果一个母亲因为无法控制自己的脾气而置孩子的安危于不顾，那她确实不是一个合格的母亲。

教育学家尹建莉曾说："你对孩子发的三分脾气会对孩子造成七分伤害。"心理学家研究表明，情绪不稳定的父母通常会给孩子的成长之路带来诸多的负面影响，比如，孩子的性格会变得胆小、怯懦，遇事优柔寡断，缺乏一定的自信心。另外，孩子经常处于焦虑不安的情绪当中，自己也会变得敏感、易怒等。

为了避免给孩子造成这些不良的后果，身为父母，我们一定要有意识地克制自己的脾气。有情绪稳定的父母，是孩子一生的福气。

在一档综艺节目中，一位母亲分享了一段女儿学习乐器的经历：刚开始女儿学了一年的音乐乐理之后有了学钢琴的念头，在老师的建议下，这位母亲给女儿买了一个电子琴，可后来没过多久，孩子就把手往后一背，怎么都不肯学了；后来，女儿又想学木笛，结果表明她在这方面似乎没有什么天赋，这位母亲5分钟就可以学会的曲子女儿练了很久还是学不会，于是这门乐器的学习也就这样不了了之；再后来，女儿又盯上了大提琴，结果没练两天，新鲜劲儿又过去了，刚刚定制的琴也被她扔到了一边；后来的后来，女儿又说不想学大提琴了，想学吉他，或者尤克里里……

面对孩子的三分钟热度，如果是普通家长的话，早就气得七窍生烟、大声责骂了。可这位好脾气的母亲却依旧不急不躁，耐心地跟孩子说道："它们都是弦乐，你把大提琴学好，其他就都学通了。"事后，她还是会坐在门口，陪着女儿一起练琴。

之后，在采访中，她说了这样一番耐人寻味的话："刚开始的时候，确实是需要忍耐孩子的不自觉，我只是等待着自觉的那一天的到来，但是这个等待还是挺有价值的。做妈妈的在教育孩子的过程中其实也是漫长的等待，最终也是要让他自己有生命力，强大起来。"

是啊，育儿是一场漫长的等待，我们要相信孩子的自我成长能力。

黄杏贞在《心理咨询师妈妈的科学育儿法》中写道："养孩子是一场修行，修的是父母们的情绪智慧，那些大喊大叫的父母总会错过教孩子如何管理情绪的机会。"作为父母我们应该如何在这场修行中控制好自己的情绪，给孩子做一个好榜样呢？

第一，勇敢地表达情绪。

当父母体内涌现出很多负面情绪时，不要老想着把它压下去，这样忍而不发对自己的身体没有什么好处。最理智的做法是，蹲下来，看着孩子的眼睛，然后温和坚定地说出自己内心的感受。比如："你这样做，真的让妈妈很生气！""快停止你的行动，要不妈妈会很难过。"这样的表达既宣泄了父母内心的感受，又给孩子做了一个好的处理情绪的示范。

第二，给自己6秒的沉默时间。

科学研究表明：人的大脑内部有动物脑和理智脑的两个神经通道，当负面情绪爆发6秒以后大脑中产生情绪的边缘系统才能与理性思考的脑皮质成功连接，这样人们才不会意气用事，做出一些情绪化的过激举动。

所以，当父母感觉怒火中烧、忍不住想破口大骂的时候，不妨先让自己深呼吸，然后保持6秒的静默，时间一到，原来激动的情绪就会得到很好的缓解。

第三，运用同理心。

孩子生而为人也是一个独立的个体，他们做事也有自己的考量，如果你情绪崩溃，遏制不住内心的怒火，那么不妨站在孩子的立场上思考一下，或许你就能理解孩子的行为。而父母在理解孩子的同时也能降低自己的怒气。

　　俗话说，人非圣贤，孰能无过。有的时候，父母因为一些琐事控制不住自己的脾气冲孩子发了火也是可以理解的。不过，为了避免给孩子心理留下伤害，做父母的冷静之后还是需要跟孩子解释一下发火的缘由，并且向孩子真诚地道个歉。这样做的目的就是告诉孩子：我这种处理问题的方式是不对的，你可不要效仿。

善于倾听，给孩子一种他被理解的感觉

以前在网上看过这样一个故事：一位母亲和自己的儿子坐在一起闲谈。母亲问儿子："假如我们一起出去玩，正好口渴了，而你的书包里恰好有两个苹果，你会怎么做呢？"

儿子沉思了一下，然后跟母亲说："那我会把两个苹果都咬一口。"听到儿子这样的答案，母亲心里非常失望，她不由得斥责孩子："你个小没良心的，妈妈平时那么疼你，你怎么不关心关心妈妈渴不渴呢？"

儿子听到妈妈的指责，连忙解释道："妈妈，你误会我了。我想两个都尝一尝，然后挑出甜的那个送给妈妈。"霎时，妈妈的内心羞愧不已，眼睛里也噙满了泪花。

帕梅拉·德鲁克曼在《法国妈妈育儿经》中说："孩子有自己基本的动机，即使他们有不对的行为，父母也有责任倾听并且领会他们的动机。当孩子有不同寻常的反应时，背后一定有原因，我们要做的是去理解发生了什么。"作为父母，我们一定要耐心倾听孩子的心声，了解孩子心里的想法和需求，这样才能真正地理解孩子。反之，如果你脾气暴躁，不给孩子倾吐心声的机会，那么你们的亲子关系就会出现隔阂，从而生发出一系列的矛盾。

当然，你的耐心倾听除了能规避亲子之间的矛盾，还能有效帮助孩子化解眼前的困局。

从前，有位母亲因为生病在嗓子上做了一个小手术，手术做完之后，她暂时有十几天的时间不能说话。这天，儿子放学回家，扔下书包就跟母亲抱怨："我真的不想去上学了，我太讨厌我们的老师了。"

要是放在平时，母亲听到这样的"悖逆"之言早就会一顿臭骂，可今天情况特殊，母亲也只好任由孩子自由发泄。

接下来，儿子又进一步解释了自己生气的原因："妈妈，我的作文明明是自己写的，老师非要说我抄了作文参考书。可是那些优美的句子真的是我想了很久才写出来的，她怎么能这么不信任我呢！"

儿子说着说着，眼睛里不由得泛起了泪花。妈妈意识到儿子这次真的伤心了，于是走过去抱了抱他。过了一小会儿，儿子的情绪渐渐平复了下来，他抬起头，充满感谢地说道："妈妈，谢谢你今天听我说了这么多。说完之后，我的心里好受多了，以后我一定要好好努力，争取在下次考试的时候作文考一个高分，这样老师就不会再怀疑我了。"儿子说完之后，就自己走回房间写作业去了。

有的时候父母的倾听也是一种爱的表达，孩子有了这种爱的滋养，内心的委屈和愤怒就能得到很好的释放，从而以一种轻松愉悦的状态进行后面的学习。

总而言之，学会倾听既可以帮父母建立良好的亲子关系，也可以让孩子的内心得到滋养和疗愈。倾听的意义很大，但真正做起来，却不是一件容易的事情。身为父母，怎么样才能做到高效倾听呢？以下是几个注意事项。

第一，倾听的时候，要带上你的耐心。

很多孩子因为年幼，所以表达得不是很顺畅。一来他们的语言表达能力有限，所以表达起来会有很多磕磕绊绊；二来他们尚未培养出高级的逻辑性，所以语言组织可能有点混乱。但不管是哪种情况，家长一定要耐着性子，听完孩子的倾诉，否则你无法从孩子那里获得有效信息。

第二，倾听的时候要配合一些细微动作。

我们要是想鼓励孩子倾吐自己的心事，那就要认认真真地聆听。孩子在表达自我的时候，父母不要交头接耳，更不要手头做其他的事情，否则会降低孩子的分享欲望。另外，为了表达对孩子的尊重，家长还可以在倾听的时候配合一些细微的动作。比如，面带微笑，精神放松，眼睛认真地看着孩子，双手抚摸着孩子的肩膀，等等。这些细微的动作都可以鼓励孩子。

第三，陈述、总结孩子的感受。

在充当孩子的"树洞"时，父母可以不失时机地帮助孩子总结一下他当时的情绪以及感受。比如："孩子，一下子给你布置那么多任务，你是不是感觉压力很大？""出去跟不熟悉的小朋友玩，心里是不是有点害怕？"父母说出孩子的这些感受既可以用来检验自己接收的信息是否准确，又可以让孩子感觉到自己的话已经被爸爸妈妈听进去了，从而增强其分享的信心。

最后，要跟大家强调的是，在倾听孩子的过程中，如果发现孩子有说错的地方也不要急着纠正，或者说教，正确的做法是耐心地把孩子说的话全部听完，并从中挖掘其深层次的心理需求，然后再做针对性的引导。假使你中途纠正孩子的某个错误细节，那么孩子的思路会被打断，他分享的欲望也会迅速降低，最后很有可能导致这场交流不了了之。

教你五个花式夸孩子的窍门

一天，在一堂语文课上，一位老师向同学们提出这样一个问题："假如有一个小朋友非常聪明，我们可以用什么样的话去表达对他的喜爱之情呢？"这时，一个很害羞的小姑娘缓缓地站了起来，可是由于过度紧张，小姑娘竟然连一句完整的话都说不出来。只见她涨着通红的脸，支支吾吾地说："就是……就是……"

老师见状，并没有使她尴尬，而是温柔地示意她坐下，然后笑眯眯地夸奖道："好，这位同学回答得非常好，老师听懂了，你的意思是这位聪明的小朋友实在太好了，好到简直无法用语言形容他了，对吧？"小姑娘听后，尴尬而紧张的脸上流露出一丝笑意。此后，她疯狂地喜欢上了语文课，后来在她的认真努力下，她成功考上了师范大学，最后成为一名优秀的语文老师。

心理学家威廉·詹姆斯曾经说过："人性最深刻的渴望就是获得他人的赞赏。"上面故事中的小姑娘正是因为获得了老师的肯定和赞赏，才迸发出如此强劲的动力。而在亲子教育的过程中，孩子也需要来自父母的赏识与赞美。如果在成长的过程中，孩子一直感受不到家长的爱和认可，那么他的心里就会非常失望，甚至绝望，有些情况严重的还会走上犯罪的道路。

父母不能经常打击或否定孩子，而应该给予其必要的夸奖与肯定，这样孩子才不会失去生活的方向。那么家长在夸奖孩子的时候，应该注意什么问题呢？

第一，夸奖孩子的话不能过于笼统。

夸奖孩子也是一门语言的艺术。我们在夸奖的过程中用语要尽量细致具体。比如："妈妈觉得你比昨天更进步了，吃饭都不用别人喂了。""妈妈看到你把玩具摆得整整齐齐，妈妈很喜欢你收拾玩具的样子。"这样的话远远比"孩子，你真棒"来得更有效果。

第二，夸奖孩子要真诚。

夸奖孩子的时候一定要真诚一点，如果你敷衍了事的话，孩子是能够感觉到的，这样孩子就会认为爸爸妈妈在应付自己，心里会很不舒服，积极性也会降低。所以，夸奖孩子就一定要对孩子流露出你的真情实感。

第三，夸奖的时候不要拿孩子跟别人做比较。

有些家长夸奖孩子的时候总喜欢拿别的孩子做参照对象，这样很容易让孩子养成盲目攀比的不良习惯。正确的做法是让孩子自己跟自己比。比如："宝宝，你现在吃饭的速度比以前更快了，真的好厉害啊！"这样孩子才有更强烈的进步的愿望。

第四，善用肢体语言。

赞美孩子的时候，如果能给予孩子一个拥抱，或者一个微笑，抑或竖起一个大拇指，孩子会更加高兴，因为他感受到了你的真诚，也感受到了你发自内心的认可。

第五，夸奖前要分具体的情景。

在孩子较多的情况下父母不要只夸其中的一个，这样另外的孩子会有种被忽略的感觉。

最后，要告诉大家的是，孩子的能力毕竟有限，所以不要期待孩子次次都表现得非常良好。如果孩子被夸之后又出现倒退的行为也不要着急，毕竟他需要很多成长的时间和空间。

解锁批评孩子的正确姿势

轩轩是一个非常调皮捣蛋的孩子。有一天，家里来了客人，他异常兴奋，不停地在客厅里跑来跑去，而且还大喊大叫，闹得客厅里乱哄哄的，严重影响了爸爸和客人谈话。

为了让轩轩安静下来，爸爸先是狠狠地瞪了他一眼，可不识趣的轩轩依旧我行我素，丝毫没有理会爸爸的警告。

爸爸见儿子根本没有把自己放在眼里，心里的火噌的一下就冒上来了。他把脸一拉，随手操起身边的一个扫把，猛地朝儿子扔了过去，而且他一边打还一边骂道："你个小兔崽子，不长眼睛吗？脸上的那俩窟窿眼儿是出气的吗？没看见我和叔叔在聊天？你这样不停地吵，我们还怎么聊呢？你赶紧、马上滚回自己的房间，不要再让我看到你！"

儿子没想到爸爸真的会生气，挨了打骂之后，一下子脑子有点蒙了。而且爸爸当着客人的面打他、劈头盖脸地批评他，这让他羞得满脸通红，带着满肚子的委屈和难过逃回了自己的房间。

在上面这个案例里，轩轩在爸爸会客的时候又吵又闹，扰乱了家里的氛围，这样做肯定是不对的。但是爸爸当着客人的面，对孩子又打又骂也是不对的。孩子就算再小，也有自己的尊严，而这种当众批评的行为严重挫伤了孩子的自尊心，令孩子颜面扫地。在这样的情况下，孩子不仅不会反思自己的错误，还会失去对家人的信任，以及对未来的信心。而被摧毁的信心往往要经历很长时间才能恢复。

此外，哲学家约翰·洛克说过："父母越不宣扬子女的过错，则子女对自己的名誉就越看重，因而也会更小心维护别人对自己的好评。若是你当众宣布他们的过失，使其无地自容，他们便会失望，而制裁他们的工具也就没有了。"因此，家长这样的行为在伤害孩子的同时其实也恶化了亲子之间的关系，让孩子变得更加叛逆。

由此可见，批评也要讲究方式方法，我们只有在合适的场合、合适的时间批评孩子才能达到理想的效果。此外，批评教育也是一门艺术，家长在行使这项权利的时候不仅要注意时间和场合，还要注意以下几个重要事项，否则有可能给孩子造成不可逆的伤害。

第一，批评要就事论事。

有些父母在批评孩子的时候特别喜欢翻旧账。比如："你怎么这么不长记性呀！上次就因为粗心大意打碎一个杯子，这次又打碎一个碗。你脑子里到底装的是什么，怎么就记不住呢？小心，小心，再小心，这样的话我上次就跟你说过吧！对了，我上次还嘱咐你，拿东西的时候要记得……"父母这样反反复复、旧事重提会削弱孩子犯错后的愧疚心理，也会在无意间强化使孩子犯相同的错误。而明智的父母面对孩子的错误时会就事论事，和孩子探讨犯错的原因，找出解决问题的办法，督促孩子以后注意不要再犯类似的错误。

第二，批评要适可而止。

霏霏在捉迷藏的时候不小心打碎邻居家的一口水缸，这时妈妈走过来就是一通无休无止的教训："你这个孩子，打碎人家的东西，我们得赔人家钱啊！我们哪里来那么多钱呢？平时养活你们就够累的，你们一个个吃喝拉撒，哪样不要钱。就拿上次来说，你买……就花光了……还有……你怎么就不懂得体谅我们呢？我和你爸爸平时那么辛苦，我们每天只休息四五个小时……你爸爸上次为了赚点钱，差点……"

在妈妈滔滔不绝的攻势下，霏霏内心的愧疚感一点点消失殆尽，而且她也由最初的默不作声变得越来越烦躁，最后，实在受不了妈妈的絮絮叨叨就回了一句嘴。谁料妈妈的连珠炮来得更加猛烈了："你这孩子做错事还有理了？我跟你说，你这样可不对啊……"听着妈妈长篇大论式的说教，霏霏绝望地闭上眼睛，捂起了耳朵。

从这个案例中我们就能看出，适可而止的批评非常有必要。如果父母不顾孩子内心的感受，一味地逞口舌之快，那么孩子一定会因为批评时间过长而丧失耐心产生逆反心理。这样既没有让孩子反省到自己的错误，又恶化了亲子关系，家长又何必呢？

第三，不要给孩子贴标签。

西方有句谚语："孩子犯了错误，上帝都会原谅。"犯错对于人们来说是一件稀松平常的事情，大人一不留神都会做错事情，更何况是一个孩子呢？所以，孩子犯错之后，家长不要上纲上线，更不要觉得孩子已经无药可救了，给孩子贴各种负面的标签，如"笨蛋""废物""傻瓜"等，这样会在孩子的心理上留下极大的伤害。

第四，了解孩子犯错的原因，并帮助孩子加以纠正。

批评作为一种教育手段，其目的是让孩子意识到自己的错误，进而避免孩子以后再犯。了解了这一点之后，我们就要改变自己的思路，不要为了发泄自己的负面情绪而恶意训斥孩子，也不要为了树立家长的权威而借机打压孩子，正确的做法应该是好好地跟孩子沟通交流一下，然后弄清楚孩子犯错的原因，接着进一步和孩子商量补救的措施。此外，我们也要让孩子意识到自己哪方面做得还不够好，以便后续改正完善。

总而言之，批评是一门艺术，不是指责、埋怨，更不是使用巴掌和棍棒。大家在批评孩子的时候一定要有这样的意识。另外，批评完孩子之后一定要给孩子申诉的机会，以及一个暖心的安慰，这样孩子才会感受到你的公正、温暖以及关爱，从而心存感激地去改正自己的错误。

最好的家庭教育从理解孩子开始

在一个圣诞节的早上，一位美国男子为了和家人团聚，早早地就坐上回家的航班。然而正当他在心里预设团聚的美好场景时，意外却发生了。一场突如其来的大暴雨猛烈地袭击着飞机，飞机很快就偏离了航道，上下左右剧烈地颠簸起来。飞机上的乘客早就吓得脸色惨白，在这生死存亡的危急时刻，大家都不约而同地拿出笔，写下了遗嘱。

不过，万分幸运的是，在驾驶员的冷静操作下，飞机竟然平安着陆了。死里逃生的男人马不停蹄地奔回了家，然后激动地跟妻子讲起了飞机上的种种险情。可是妻子和孩子却沉浸在节日的喜悦里，完全没有兴趣听他讲那些惊险刺激的经历。劫后余生的巨大喜悦无人理解，也无人分享，男子的心情糟糕透了。后来，他默默地爬上了阁楼，一跃而下，结束了他好不容易才捡回来的宝贵生命。

心理学研究表明，人在内心深处，都有一种被理解、被尊重的渴望。而故事中妻子的冷漠和无视直接击碎了男人心中那份真挚且热烈的渴望，而这份渴望一旦被击碎，男人也就失去了生存的欲望。

从这个故事中，我们可以明白一个道理：人与人之间需要理解，需要沟通，如果双方失去良性互动，那么彼此的关系就岌岌可危了。同样的道理：在亲子教育的过程中，家长也需要有一颗理解孩子的心。我们只有理解了孩子的内心需求，接纳了孩子的真实情绪，才能打开孩子的心门，从而有效处理亲子之间的矛盾和问题；反之，如果父母不能理解孩子，一味地表达自己的想法，那么亲子关系势必会陷入紧张状态。

人，找到一个能理解和尊重自己的人实属困难，尤其是对于一个小孩子，父母若是能真正理解自己，那必定是一件非常幸福的事情。那么，作为父母，怎样做才是真正理解孩子呢？

第一，为孩子营造一个民主的家庭氛围。

要想了解孩子，首先公平公正地给他一个发言的机会，孩子能有倾吐心声的机会，父母也才有机会充分了解和理解孩子。反之，如果父母遇事比较专制，在家里大搞"一言堂"，那么他们怎么会有机会听到孩子内心的声音？当然，不了解孩子的情况下更谈不上理解孩子。

第二，正确地看待亲子关系。

孩子是一个独立的生命，他有属于自己的意识和思想，所以，当他用自己的思想与你对抗时你也应该理解他。毕竟孩子不是我们的私有财产，父母要做的就是理解和尊重孩子，然后用科学合理的方法对他加以引导，以此帮助孩子走向正确的人生轨道。

第三，放下家长的身段。

有些家长总喜欢端着长辈的架子，用命令式的口吻跟孩子对话。施行这样不尊重孩子的行为不仅无法走进孩子的内心，而且会把孩子越推越远。而家长只有把自己的姿态放低，和孩子平等对话，才有可能打开孩子的心扉，理解孩子的所作所为。

　　总而言之，每个人都希望自己被理解、被接纳、被尊重，孩子也不例外。孩子的心理需求只有被家长理解了，才能建立起对生活和学习的自信，从而在人生的道路上大踏步地前进。反之，如果孩子一直沉浸在不被理解的痛苦当中，那么他肯定没有心思考虑如何做好其他的事情。

接纳孩子的不完美是父母高级的教养

在这个世界上，并不是所有的父母都能做到有格局、有远见。他们的内心总想要一个完美的孩子，并且孩子最好是朝着他们预先设计好的样子发展，这样他们的心里才没有遗憾。

可是这样的美好愿望可能实现吗？答案是否定的。因为在这个世界上根本没有一个人是完美的，就连父母都是普普通通、平平常常的人，又怎么能苛求孩子是完美的呢？

不过，很多父母就是不明白这样的道理，他们觉得只要把孩子的未来提前规划好，孩子按照自己制定的高标准、严要求成长起来，将来就一定能成为一个样样都优秀的青年。可是他们低估了小孩子的承受能力，也忽略了孩子内心的感受，最后直接把孩子推到了崩溃的边缘。另外，如果父母事事都逼着孩子优秀，那么孩子有可能为了让父母高兴而学会撒谎、学会伪装。

在电视剧《陪你一起长大》中，新月的爸爸就是一个极端的完美主义要求者。他要求新月必须样样都是最好的，尽管新月已经做得很好了，她舞蹈、乐器方面样样出色，而且还学会了多门外语，更重要的是次次考试名列前茅，但是爸爸仍然不满足。在一次学校家长开放日里，新月表演了法语朗诵和芭蕾舞，获得全场热烈的掌声，但当爸爸看到别的小朋友因为玩魔方更加出彩时就又不高兴了，因为他觉得新月快被别人赶超了。在爸爸妈妈的严苛要求下，新月的脸上早早失去孩子的童真和笑颜，后来还养成了撒谎的毛病。

俗话说："尺有所短，寸有所长。"每个孩子都有自己的优点，也有自己的缺点。父母们与其苛求孩子完美，不如坦然地接受孩子的不完美，少去计较孩子的缺点，多关注一下孩子的优点以及进步之处，帮助孩子把自己的优势发挥到极致，这样孩子就会越来越优秀。

在纪录片《零零后》里有一个单元叫《一一的世界》，这个单元的主角就是小女孩一一。这个小姑娘内向、孤僻，不喜欢交朋友，也不过多地和人交流。面对摄像头，她坚定地表达着自己的态度："我喜欢一个人玩，我觉得一个人挺好的。"对于一一的表现，幼儿园的老师表达了自己的担忧，她觉得孩子始终是要步入社会的，如果以她现在的表现来看，她将来很难适应社会，也很难在社会上生存下去。

一一的父母对此也有点担忧，他们听了老师的建议，也试着带孩子外出串门，以便她更好地融入群体，但是即便如此，效果还是不明显。后来，父母渐渐地接受了她的状态，大家谁也没有逼迫她一定成为一个外向活泼的人。而且，一一的父母还表示："我们给孩子取名一一，就是希望孩子生活简单的、平静的生活。"后来的一一慢慢长大了，而且变得非常优秀，13 岁的她性格沉稳、思路清晰，积极向上、勤奋好学，并且还交上了朋友。

人们都说每一个孩子都是一颗种子，都有自己的花期。父母要做的就是接纳孩子的不完美，尊重和保护好孩子的个性，然后耐心引导，静待花开。这样远远比那些焦虑和苛责的父母要高明很多。

保持自我成长是爱孩子的最好方式

在日常生活中，有这样一类父母，自己天天刷抖音、看视频，却总嫌弃孩子沉迷手机、不好好学习；自己天天睡懒觉，却抱怨孩子懒惰不早起；自己天天搓麻将、不着家，却总骂孩子贪玩不上进……

陶行知先生曾在《教育的真谛》一书中说过："以教人者教己。"同样的道理，父母要想把孩子教好，首先自己就应该做一个称职的父母。如果自己还没有一点自律精神，贪图享乐，孩子怎么会变得积极向上呢？

有一句话说得好："保持自我成长，是父母爱孩子的最好方式。"如果父母不好好提升自己，经常以一种消极萎靡的状态生活，那么孩子也会经常为你的负面情绪买单。

张森的妈妈是一位全职家庭主妇，平时主要的任务就是给孩子洗洗衣服、做做饭、收拾收拾家。闲暇之余，她就打开手机刷刷短视频、聊聊天，浏览一下娱乐八卦新闻。表面上看这样的生活过得轻松自在，实际上时间久了，她的内心一片迷茫。尤其是家里经济拮据的时候，她的挫败感更为强烈。看着镜子里那个身材肥胖、素面朝天、蓬头垢面的自己，她的内心升腾起"改变自我"的想法，可是这样的决心持续不到一天，注意力立刻又被手机吸引了。

有时，张森的妈妈也会感觉很烦躁。当繁忙的家务和孩子的调皮捣蛋撞在一起时，她会大发雷霆，然后狠狠地把孩子臭骂一顿："你能不能让我省省心，每天伺候你吃，伺候你穿，已经够累的了，你还要跑出来给我裹乱。我是上辈子欠你的吗？要不是因为你拖累，我早就到外面上班去了……"

张森妈妈的状态其实是很多家长的缩影。他们为了孩子放弃工作，内心充满了委屈和怨气。他们也想通过读书、健身等方式提升自己，不过又因为惰性和生活事务，只能停在原地打转。家务的操劳、对生活的迷茫，以及孩子的顽劣纠缠在一起，让他们浑身充满了负能量。在这股负能量的操控下，他们变得暴躁敏感、怨天尤人、骂骂咧咧，这样孩子首当其冲就成了他们负面情绪的出气口。

其实，对于孩子来说，父母自己不上进，他们也跟着遭了殃，遭受这样的指责、埋怨，何其无辜。

有一句话说得好："先活好自己，才能更好地爱孩子、教育孩子。"如果父母连自己都活不好，那么哪里有能量去爱孩子呢？所以，聪明的父母会先好好地活出自我，活出坚定从容，这样孩子耳濡目染，自然也会呈现出一种好的状态。那么，具体来说，父母应该怎么做才能更好地实现自我成长呢？

第一，父母应该跟孩子一起学习、进步。

2019 年 12 月 1 日，《人民日报》刊登了一则励志的新闻：一位 49 岁的老父亲为了能跟学法学的女儿顺畅交流，也为了能更好地给她一些职业发展的建议，竟然自学 8 个月，最终以客观题考试总分 205 分、主观题考试 116 分的好成绩通过了法律职业资格考试。

纪录片《镜子》中说道：每个孩子生来都是一张白纸，而父母就是作画的人，白纸能变成什么样，关键在父母。案例中的父亲用自己的实际行动告诉女儿一个朴实的道理："学习是一个人终身的事业，我能做到的，你也能做到。"

第二，建立良好的知识储备，从而更好地引领孩子走向未来。

提到刘墉，人们都知道他是大名鼎鼎的畅销书作家，但说起他的儿子刘轩，似乎大家都不太了解。其实刘轩也是一位才华横溢的高才生，年纪轻轻的他既是美国茱莉亚音乐学院的高才生，又是散文专栏作家及主持人。2016 年，他凭借着新书《助你好运，幸运原来触手可及》还获得过首届海峡两岸新锐作家好书奖。

刘轩获得种种耀眼的成就，其实离不开父亲刘墉的悉心教导。当初，为了让孩子能有所作为，刘墉每个月都会以 E-mail 的形式给孩子写一篇文章，文章的内容包罗万象，非常丰富，既有衣食住行的琐碎，又有社会热点的分析，这为儿子以后的写作提供了非常丰富的素材。

有人说，父母是孩子的起跑线。笔者对此深以为然。假使刘墉没有非常丰富的知识储量，那么他也不会给孩子带来诸多的写作指导。所以明智的父母都懂得在求知的道路上不停地奔跑，只有自己建立了丰富的知识储备，孩子取得好成绩才会有很好的保障。

做成功的父母——从信任孩子开始

2021 年 1 月 4 日，《封面视频》发布了一则令人痛心的新闻：安徽潜山市的一名 13 岁女孩跳水自杀了。究竟是什么样的原因导致这起悲剧发生的呢？这还要从孩子的考试成绩说起。

据孩子的姑姑介绍，这位女孩在出事之前考了全校第一的好名次，其中一门道法课，她还拿到了 100 分的好成绩。

可是学校的老师却不相信女孩有这样的实力。他们觉得女孩的成绩尽管平时看起来不错，但是还没有能考到全校第一的能力。于是老师以偷题作弊的理由又让孩子补考了一次，并且还把她的家人叫去了学校。

为此，女孩的心情非常失落，独自离开家后就再也没有回来。后来，她的尸体在离家不远的池塘里被发现了。

从这个案例中我们可以发现信任对于一个孩子而言究竟有多重要。乔伊斯·布拉泽斯说："爱的最好证明就是信任，彼此信任才是给孩子最好的爱。"不被理解和信任的孩子内心充满了屈辱感，终其一生，他们都会带着心灵的伤痛过日子。

反之，当一个孩子受到父母的信任时，他就获得了生活的勇气和自信，其内心也会变得无比踏实。在这些正能量的加持下，孩子会朝着自己人生的目标勇往直前，最后顺利到达成功的彼岸。

在电影《银河补习班》里，小主人公马飞是一个被大家厌弃的小笨蛋。因为长期成绩垫底、逃学、旷课，他被学校老师通报批评，甚至差点被开除。回到家，妈妈也说他太笨了，脑袋里缺根弦，甚至骂他没救了。

面对周围人的质疑、嘲讽，马飞也一度陷入深深的自卑当中。可即便全世界都在否定马飞，爸爸却依然坚定不移地相信他。后来，马飞在爸爸耐心鼓励和悉心陪伴下成功找回了自信，而且他内在的潜力也被很好地激发出来，最后经过一步步的努力成功逆袭成了一名优秀的航天员。

英国教育家斯宾塞曾说："当孩子感到被爱、被信任，奇迹不久就会出现在眼前。"是啊，有了父母的信任支撑，孩子其实可以变得更加优秀。所以，作为父母，在日常生活中，我们应该像马飞的爸爸那样，多给孩子一些信任和鼓励。比如："孩子，妈妈相信你的能力，这件事你一定能出色完成。""你的这个选择很有道理，爸爸支持你。"这样的话可以给孩子一个积极向上的动力，而且有了内在的驱动力之后，他们做起事情来会更加有效率。

父母对孩子的信任不应该仅仅表现在语言上，还应该落实在行动上。比如，当孩子被人冤枉了，或者嘲笑了，父母要想办法收集证据，以证明孩子的清白。有时候必要的行动力远比一句"我相信你"更让孩子有安全感。